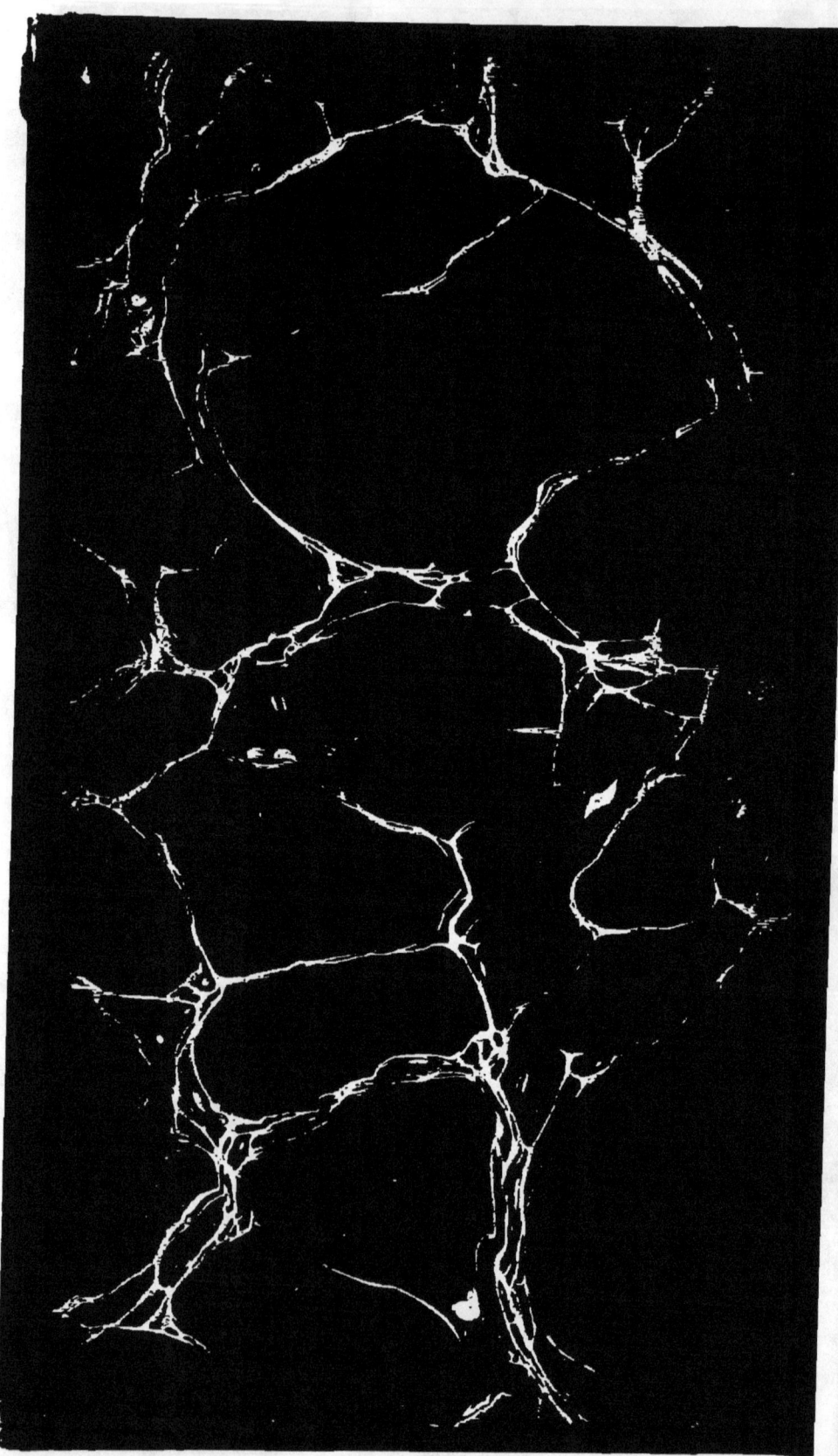

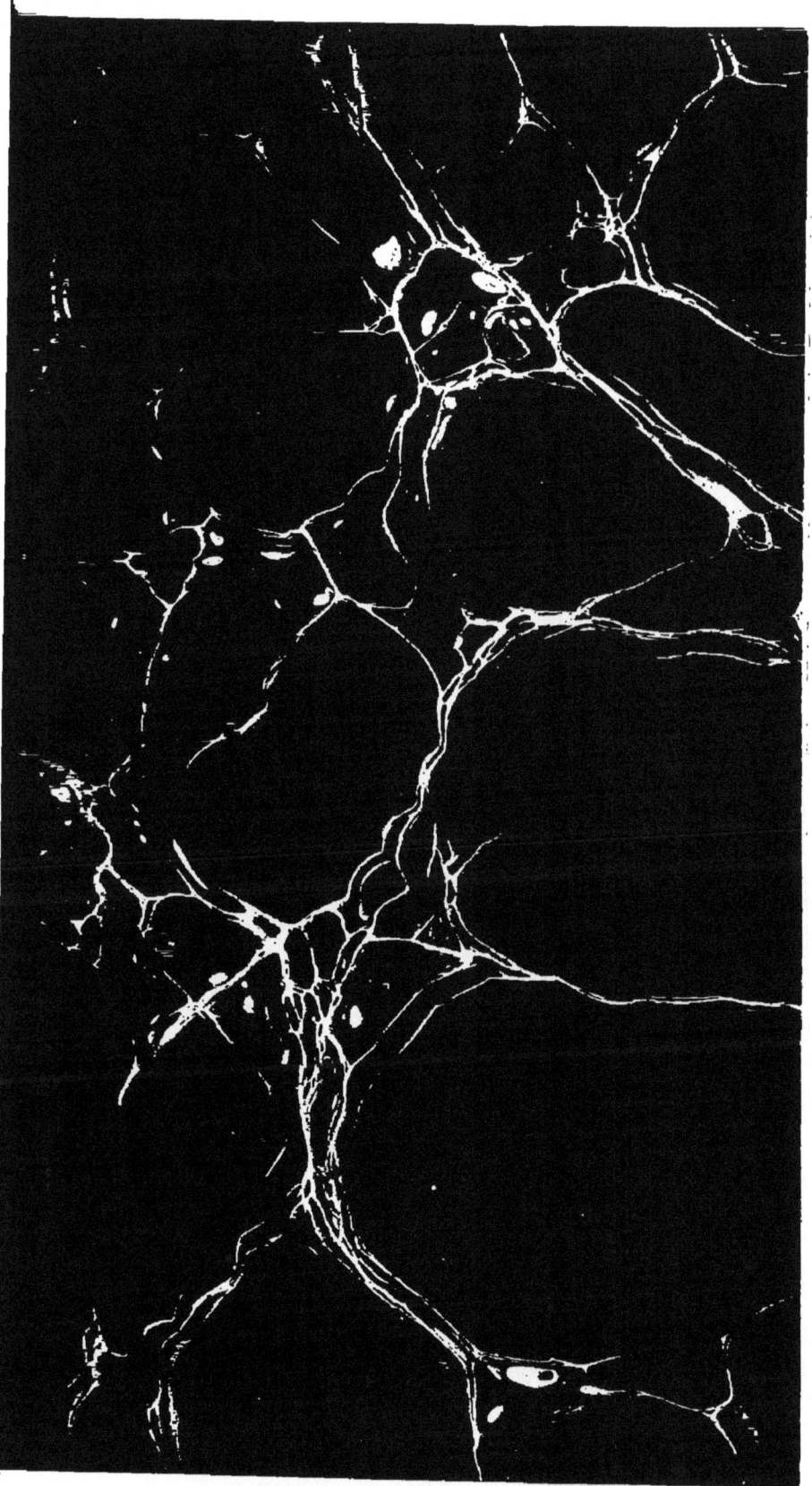

Z 1792.
Ag.

(C.)

1787

COLLECTION

DES

CLASSIQUES FRANÇAIS.

IMPRIMERIE DE FIRMIN DIDOT,
RUE JACOB, N° 24.

MAXIMES

DE

LA ROCHEFOUCAULD.

NOUVELLE ÉDITION,

AVEC TOUTES LES VARIANTES, ET UNE NOTICE
SUR SA VIE.

PARIS,

FROMENT, QUAI DES AUGUSTINS.

MDCCCXXIII.

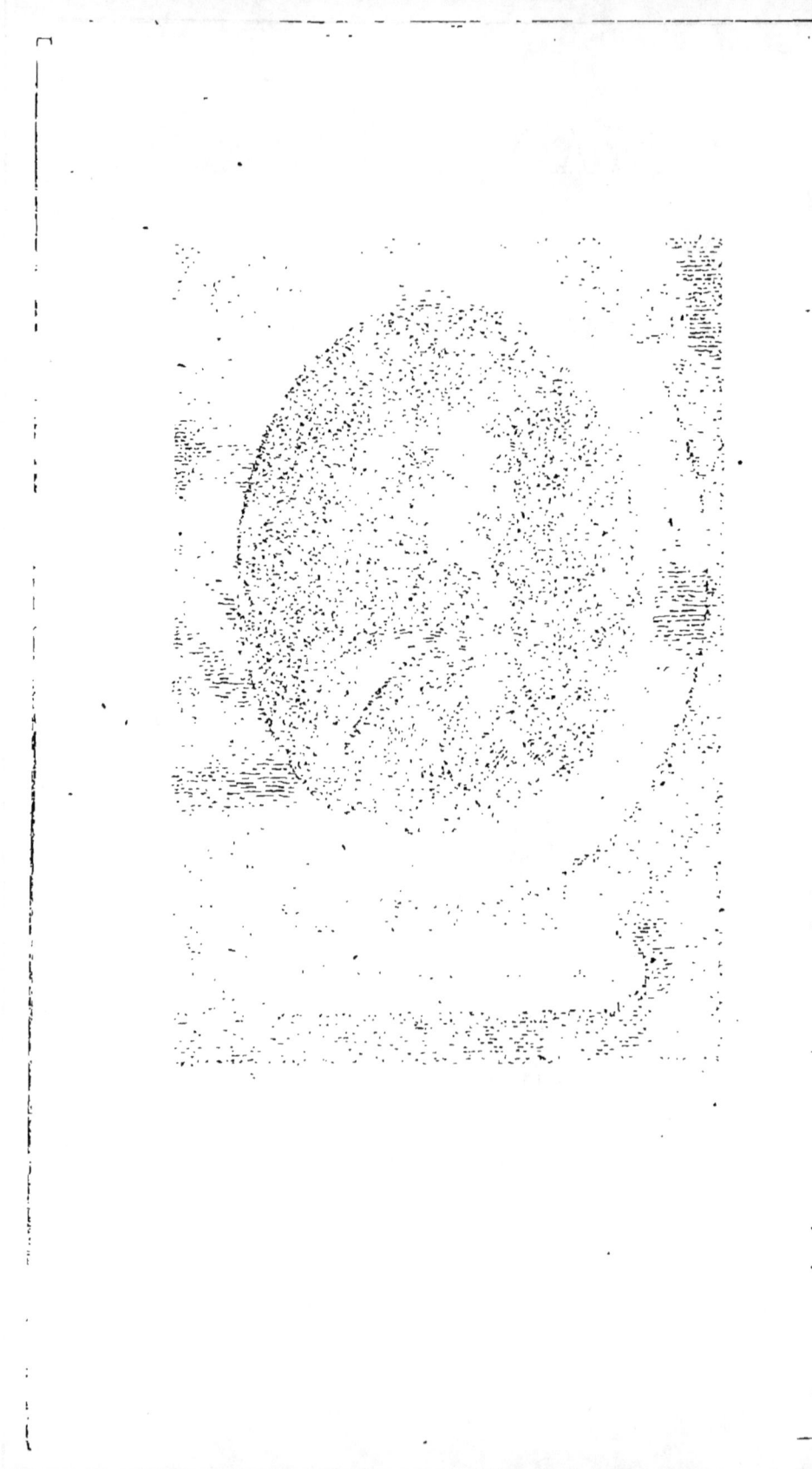

MAXIMES

DE

LA ROCHEFOUCAULD.

NOUVELLE ÉDITION,

AVEC TOUTES LES VARIANTES, ET UNE NOTICE SUR SA VIE.

Par P. R. AUGUIS.

PARIS,

FROMENT, QUAI DES AUGUSTINS, N° 17.

MDCCCXXIII.

NOTICE

BIOGRAPHIQUE

SUR LA VIE ET LES OUVRAGES

DU DUC

DE LA ROCHEFOUCAULD.

FRANÇOIS, DUC DE LA ROCHEFOUCAULD, naquit en 1613, selon quelques biographes, et en 1612, suivant d'autres. Il reçut l'éducation qu'on donnait à cette époque aux personnes qui ne connaissaient d'autre illustration que celle des armes. Il servit d'abord en Italie comme mestre-de-camp dans le régiment d'Auvergne, et plus tard, comme volontaire, dans l'armée de Flandre. A son retour il reçut défense de paraître à la cour, pour avoir parlé trop librement des affaires publiques. La Rochefoucauld alla rejoindre son père qui, lors de la disgrace de la reine-mère, Marie de Médicis, avait reçu l'ordre

a.

de se retirer dans une de ses terres près de Blois. Revenu à la Cour, il se chargea d'enlever la reine et mademoiselle d'Hautefort, et de les emmener à Bruxelles ; mais cet enlèvement n'eut pas lieu. Anne d'Autriche lui donna aussi la commission d'aider madame de Chevreuse, sa favorite, à s'enfuir en Espagne. Pour l'en punir, le cardinal de Richelieu l'envoya à la bastille, d'où il sortit au bout de huit jours, pour se rendre à son château de Verteuil, où commença pour lui un second exil de deux à trois années. Après avoir quitté le parti de la reine, et s'être rangé sous les bannières de madame de Longueville, il obtint le gouvernement de Poitou. Mazarin, qui avait succédé au cardinal de Richelieu, lui avait promis des lettres de duc, et tous les avantages dont jouissaient les maisons de Rohan et de La Tremouille, mais il ne lui tint pas parole : La Rochefoucauld, indigné, devint un des plus ardents moteurs de la guerre de la Fronde, et prit une part fort active aux troubles qui agitèrent la France pendant la minorité de Louis XIV. Des intérêts de galanterie concoururent aussi à l'y engager ; il était alors enchaîné au char de la duchesse de Longueville. Blessé au combat de Saint-Antoine d'un coup de mousquet qui le priva pendant quelque temps de l'usage de la vue, il s'appliqua ces deux vers de la tragédie d'Alcyonée de Duryer :

> Pour mériter son cœur, pour plaire à ses beaux yeux,
> J'ai fait la guerre aux rois, je l'aurais faite aux dieux.

Une brouillerie survenue entre lui et madame de Longueville, les lui fit parodier plus tard de la manière suivante :

> Pour ce cœur inconstant, qu'enfin je connais mieux,
> J'ai fait la guerre aux rois, j'en ai perdu les yeux.

Je rappellerai à cette occasion, comme une singularité du caractère de La Rochefoucauld, que le même homme qui avait voulu enlever la reine de France, et qui, sous les bannières de la duchesse de Longueville, *aurait fait la guerre aux dieux*, n'entra pas dans l'académie française, parce qu'il était trop timide pour prononcer une harangue. Avec tout le courage qu'il avait montré, dit l'historien de l'académie, dans les occasions les plus vives, avec la supériorité que son rang et son esprit lui donnaient sur des hommes la plupart moins distingués que lui, il ne se croyait pas capable de soutenir la vue d'un auditoire, et de prononcer seulement quatre lignes en public, sans éprouver une sorte de défaillance.

Le cardinal de Retz reproche au duc de La Rochefoucauld d'avoir montré autant d'impatience à sortir du parti dans lequel il s'était engagé, qu'il avait eu de facilité à s'y laisser entraîner. Il ne pouvait s'accommoder long-temps de ces intrigues où chaque individu ne portait que ses passions et ses vues particulières ; où les plus grands intérêts étaient sans cesse sacrifiés aux plus petits motifs ; enfin où le bien public n'était qu'un prétexte. Ramené à la vie privée par les habitudes tranquilles de son caractère, il s'éloigna sans peine du parti qu'il avait servi sans passion. Long-temps il avait porté les armes contre la cour, pour une cause qui n'avait jamais été la sienne, mais seulement pour ne pas suivre le parti du plus fort.

La goutte le tourmenta pendant les dernières années de sa vie, et lui fit souffrir des douleurs insupportables ; il y montra une fermeté extraordinaire. « Son état, dit madame de « Sévigné, est une chose digne d'admiration.... « c'est la maladie et la mort de son voisin, dont « il est question ; il n'en est pas effleuré.... Ce « n'est pas inutilement qu'il a fait des réflexions « toute sa vie ; il s'est approché de telle sorte « de ses derniers moments qu'ils n'ont rien de « nouveau, ni d'étrange pour lui. » Il mourut le 13 mars 1680, assisté de Bossuet, qui lui rendit les derniers devoirs de la religion : il emporta la réputation d'un des plus honnêtes hommes de son siècle.

Il semble s'être donné pendant sa vie comme le plus fort argument contre son livre : modèle de toutes les vertus dont il paraît contester même l'existence ; l'amitié n'eut point d'homme plus dévoué que celui qui voulait la réduire à un échange de bons offices ; personne ne fut plus brave que celui qui considérait la bravoure comme une folie. « J'ai vu son cœur à décou-
« vert, dit encore madame de Sévigné, dans
« cette cruelle aventure (un de ses fils avait été
« tué au passage du Rhin, et l'autre y avait été
« blessé) ; il est encore au premier rang de tout
« ce que je connais de courage, de mérite, de
« tendresse et de raison : je compte pour rien
« son esprit et ses agréments. »

Les lettres de madame de Sévigné nous apprennent que sa maison était le rendez-vous de ce qu'il y avait de plus distingué à la cour et à la ville, par le nom, l'esprit, les talents et la politesse. C'est au milieu de cette société choisie qu'il composa ses Mémoires et ses réflexions morales. Dans ses mémoires, il raconte avec une grande liberté d'esprit les évènements dont il a été acteur ou témoin ; il n'est pas rare de l'entendre blâmer les hommes qui l'avaient entraîné dans leur parti, et presque toujours il fait preuve d'une louable impartialité. Sans donner, comme Bayle, la préférence à ces mémoires sur les commentaires de César, il faut convenir que nous en avons peu dans notre langue, qui se fassent lire avec plus de plaisir. Ils sont écrits avec une élégance noble, et l'on oublie en les lisant que les évènements qui en font le sujet ont beaucoup perdu de l'intérêt qu'ils avaient alors.

Le livre des Maximes, composé de pensées détachées les unes des autres, mais liées entre elles par le rapport qu'elles ont à celle qui domine dans tout l'ouvrage, a constitué la réputation littéraire du duc de La Rochefoucauld. Né au milieu des troubles d'une guerre civile à laquelle il prit une grande part, n'ayant observé les hommes que dans un temps d'orages, et, pour ainsi dire, dans le tumulte de leurs passions, il ne reconnaît d'autre mobile de nos actions que l'amour-propre ; et son livre est moins l'histoire que la satire du genre humain. Mais cette satire plaît par le tour vif et précis que La Rochefoucauld a donné à ses pensées, et parce qu'elle flatte la malignité, et semble dispenser de l'admiration pour la vertu, en lui donnant, avec le vice, un principe commun, qui la dépouille de son héroïsme. L'auteur a très-bien caractérisé l'espèce qui l'entourait; mais placé dans une condition plus simple, plus rapprochée de la nature, il eût vu les hommes d'un œil plus indulgent et plus impartial. Le livre de la Fable des Abeilles, et le Système d'Helvétius sur l'Intérêt personnel, ne paraissent guères qu'un développement des Maximes de La Rochefoucauld. « C'est un des « ouvrages, dit Voltaire(1), qui contribuèrent « le plus à former le goût de la nation, et à lui « donner un esprit de justesse et de précision. « Quoiqu'il n'y ait presque qu'une vérité dans ce « livre, qui est que l'amour-propre est le mo- « bile de tout, cependant cette pensée se pré- « sente sous tant d'aspects variés, qu'elle est « presque toujours piquante. C'est moins un « livre que des matériaux pour orner un livre. « On lut avidement ce petit recueil : il accou- « tuma à penser et à renfermer ses pensées « dans un tour vif, précis et délicat. C'était un « mérite que personne n'avait eu avant lui en « Europe, depuis la renaissance des lettres. »

---

(1) Siècle de Louis XIV, chapitre 32, des Beaux-Arts.

Voltaire dit ailleurs, en parlant des écrits de La Rochefoucauld : « Ses Mémoires sont lus ; « l'on sait par cœur ses pensées (1). » Montesquieu appelle ses Maximes, les proverbes des gens d'esprit. Notre bon La Fontaine n'en portait pas un jugement moins favorable. C'est à l'occasion du livre des *Maximes*, qu'il composa deux fables ; dans la première (2), il compare l'ouvrage au cristal d'une eau transparente où l'homme vain qui craint tous les miroirs qu'il n'a jamais trouvés assez flatteurs, aperçoit malgré lui ses traits tels qu'ils sont. La seconde (3) est des plus ingénieuses pour exprimer la légèreté des hommes. Le duc de La Rochefoucauld en avait fourni le sujet à La Fontaine.

Le livre des Maximes parut d'abord anonyme : il excita une grande curiosité ; on le lut avec avidité ; on l'attaqua avec acharnement. Il a été traduit dans presque toutes les langues. L'auteur balança quelque temps sur le choix du titre ; madame de la Fayette, son intime

---

(1) Notice des écrivains du siècle de Louis XIV.

(2) L'Homme et son Image, livre 1, fab. 15.

(3) Les Lapins (liv. X, fab. 15). Discours à M. le duc de La Rochefoucauld.

amie, consulta à ce sujet un grand nombre de personnes instruites ; les unes opinaient pour le mot de Maximes ; d'autres prétendaient qu'on ne pouvait regarder ces pensées que comme de simples réflexions, ou tout au plus comme des sentences. L'auteur finit par réunir les deux avis, en intitulant son Recueil : *Réflexions ou Sentences et Maximes morales*. Une critique fine et juste de l'ouvrage, et qu'on attribue à madame de Schomberg, parut presqu'en même temps que la première édition, imprimée en Hollande, et réimprimée à Paris en 1665. Le nombre des Maximes, qui, dans la première édition de Paris, n'était que de 317, fut successivement porté dans les autres, publiées du vivant de l'auteur, à 413, puis réduit à 302, puis porté à 502 ; puis, à l'aide de quelques notes manuscrites, à 504; et enfin à 527, avec l'extrait de tout ce qui pouvait avoir l'air d'une réflexion, d'une sentence ou d'une maxime, dans la correspondance manuscrite de La Rochefoucauld, conservée à la bibliothèque royale. L'auteur a constamment fait des changements à ses Pensées ; de là cette multitude de différences. Les premières éditions ont un frontispice représentant le buste de Sénèque auquel l'amour de la vérité vient d'arracher le masque de la vertu avec le laurier dont il était couronné. Cette gravure fut supprimée, à ce qu'il paraît, par La Rochefoucauld lui-même.

L'édition que l'on offre aujourd'hui au public a été revue avec le soin le plus attentif sur toutes celles qui l'ont précédée, et donne un relevé exact des variantes que présente le texte des Maximes dans les diverses éditions qui ont été publiées jusqu'à ce jour.

PORTRAIT

DU DUC

DE LA ROCHEFOUCAULD,

FAIT PAR LUI-MÊME,

IMPRIMÉ EN 1658.

Je suis d'une taille médiocre, libre et bien proportionnée. J'ai le teint brun, mais assez uni; le front élevé et d'une raisonnable grandeur; les yeux noirs, petits et enfoncés; et les sourcils noirs et épais, mais bien tournés. Je serais fort empêché de dire de quelle sorte j'ai le nez fait; car il n'est ni camus, ni aquilin, ni gros, ni pointu, au moins à ce que je crois : tout ce que je sais, c'est qu'il est plutôt grand que petit, et qu'il descend un peu trop bas. J'ai la bouche grande, et les lèvres assez rouges d'ordinaire, et ni bien ni mal taillées. J'ai les dents blanches et passablement bien rangées.

On m'a dit autrefois que j'avais un peu trop de menton : je viens de me regarder dans le miroir pour savoir ce qui en est ; et je ne sais pas trop bien qu'en juger. Pour le tour du visage, je l'ai ou carré, ou en ovale ; lequel des deux, il me serait fort difficile de le dire. J'ai les cheveux noirs, naturellement frisés, et avec cela assez épais et assez longs pour pouvoir prétendre en belle tête.

J'ai quelque chose de chagrin et de fier dans la mine : cela fait croire à la plupart des gens que je suis méprisant, quoique je ne le sois point du tout. J'ai l'action fort aisée, et même un peu trop, et jusqu'à faire beaucoup de gestes en parlant. Voilà naïvement comme je pense que je suis fait au dehors, et l'on trouvera, je crois, que ce que je pense de moi là-dessus n'est pas fort éloigné de ce qui en est. J'en userai avec la même fidélité dans ce qui me reste à faire de mon portrait ; car je me suis assez étudié pour me bien connaître, et je ne manquerai ni d'assurance pour dire librement ce que je puis avoir de bonnes qualités, ni de sincérité pour avouer franchement ce que j'ai de défauts.

Premièrement, pour parler de mon humeur,

je suis mélancolique, et je le suis à un point que, depuis trois ou quatre ans, à peine m'a-t-on vu rire trois ou quatre fois. J'aurais pourtant, ce me semble, une mélancolie assez supportable et assez douce, si je n'en avais point d'autre que celle qui me vient de mon tempérament ; mais il m'en vient tant d'ailleurs, et ce qui m'en vient me remplit de telle sorte l'imagination, et m'occupe si fort l'esprit, que la plupart du temps, ou je rêve sans dire mot, ou je n'ai presque point d'attache à ce que je dis. Je suis fort resserré avec ceux que je ne connais pas, et je ne suis pas même extrêmement ouvert avec la plupart de ceux que je connais. C'est un défaut, je le sais bien, et je ne négligerai rien pour m'en corriger ; mais comme un certain air sombre que j'ai dans le visage, contribue à me faire paraître encore plus réservé que je ne le suis, et qu'il n'est pas en notre pouvoir de nous défaire d'un méchant air qui nous vient de la disposition naturelle des traits, je pense qu'après m'être corrigé au dedans, il ne laissera pas de me demeurer toujours de mauvaises marques au dehors.

J'ai de l'esprit, et je ne fais point difficulté de le dire ; car à quoi bon façonner là-dessus ?

Tant biaiser et tant apporter d'adoucissement pour dire les avantages que l'on a, c'est, ce me semble, cacher un peu de vanité sous une modestie apparente, et se servir d'une manière bien adroite pour faire croire de soi beaucoup plus de bien que l'on n'en dit. Pour moi, je suis content qu'on ne me croie ni plus beau que je me fais, ni de meilleure humeur que je me dépeins, ni plus spirituel et plus raisonnable que je le suis. J'ai donc de l'esprit, encore une fois, mais un esprit que la mélancolie gâte; car, encore que je possède assez bien ma langue, que j'aie la mémoire heureuse, et que je ne pense pas les choses fort confusément, j'ai pourtant une si forte application à mon chagrin, que souvent j'exprime assez mal ce que je veux dire.

La conversation des honnêtes gens est un des plaisirs qui me touchent le plus. J'aime qu'elle soit sérieuse, et que la morale en fasse la plus grande partie. Cependant je sais la goûter aussi lorsqu'elle est enjouée; et si je ne dis pas beaucoup de petites choses pour rire, ce n'est pas du moins que je ne connaisse pas ce que valent les bagatelles bien dites, et que je ne trouve fort divertissante cette manière de baliner, où il y a certains esprits prompts et aisés qui réussissent si bien. J'écris bien en prose, je fais bien en vers ; et si j'étais sensible à la gloire qui vient de ce côté-là, je pense qu'avec peu de travail je pourrais m'acquérir assez de réputation.

J'aime la lecture, en général ; celle où il se trouve quelque chose qui peut façonner l'esprit et fortifier l'ame, est celle que j'aime le plus. Surtout j'ai une extrême satisfaction à lire avec une personne d'esprit ; car, de cette sorte, on réfléchit à tout moment sur ce qu'on lit ; et des réflexions que l'on fait, il se forme une conversation la plus agréable du monde et la plus utile.

Je juge assez bien des ouvrages de vers et de prose que l'on me montre ; mais j'en dis peut-être mon sentiment avec un peu trop de liberté. Ce qu'il y a encore de mal en moi, c'est que j'ai quelquefois une délicatesse trop scrupuleuse, et une critique trop sévère. Je ne hais pas entendre disputer, et souvent aussi je me mêle assez volontiers dans la dispute : mais je soutiens d'ordinaire mon opinion avec trop de chaleur ; et lorsqu'on défend un parti injuste contre moi, quelquefois, à force de me passionner pour la raison, je deviens moi-même fort peu raisonnable.

J'ai les sentiments vertueux, les inclinations belles, et une si forte envie d'être tout-à-fait honnête homme, que mes amis ne me sauraient faire un plus grand plaisir que de m'avertir sincèrement de mes défauts. Ceux qui me connaissent un peu particulièrement, et qui ont eu la bonté de me donner quelquefois des avis là-dessus, savent que je les ai toujours reçus avec toute la joie imaginable et toute la soumission d'esprit que l'on saurait désirer.

J'ai toutes les passions assez douces et assez réglées : on ne m'a presque jamais vu en colère, et je n'ai jamais eu de haine pour personne. Je ne suis pas pourtant incapable de me venger, si l'on m'avait offensé, et qu'il y allât de mon honneur à me ressentir de l'injure qu'on m'aurait faite. Au contraire, je suis assuré que le devoir ferait si bien en moi l'office de la haine, que je poursuivrais ma vengeance avec encore plus de vigueur qu'un autre.

L'ambition ne me travaille point. Je ne crains guère de choses, et ne crains aucunement la mort. Je suis peu sensible à la pitié, et je voudrais ne l'y être point du tout. Cependant il n'est rien que je ne fisse pour le soulagement d'une personne affligée; et je crois effectivement que l'on doit tout faire, jusqu'à lui témoigner même beaucoup de compassion de son mal; car les misérables sont si sots, que cela leur fait le plus grand bien du monde : mais je tiens aussi qu'il faut se contenter d'en témoigner, et se garder soigneusement d'en avoir. C'est une passion qui n'est bonne à rien au dedans d'une ame bien faite, qui ne sert qu'à affaiblir le cœur, et qu'on doit laisser au peuple, qui, n'exécutant jamais rien par raison, a besoin de passions pour le porter à faire les choses.

J'aime mes amis; et je les aime d'une façon que je ne balancerais pas un moment à sacrifier mes intérêts aux leurs. J'ai de la condescendance pour eux; je souffre patiemment leurs mauvaises humeurs : seulement je ne leur fais beaucoup de caresses, et je n'ai pas non plus de grandes inquiétudes en leur absence.

J'ai naturellement fort peu de curiosité pour la plus grande partie de tout ce qui en donne aux autres gens. Je suis fort secret, et j'ai moins de difficulté que personne à taire ce qu'on m'a dit en confidence. Je suis extrêmement régulier à ma parole; je n'y manque jamais, de quelque conséquence que puisse être ce que j'ai promis, et je m'en suis fait toute ma vie une loi indispensable. J'ai une civilité fort exacte parmi les femmes; et je ne crois pas avoir jamais rien dit devant elles qui leur ait pu faire de la peine. Quand elles ont l'esprit bien fait, j'aime mieux leur conversation que celle des hommes; on y trouve une certaine douceur qui ne se rencontre point parmi nous; et il me semble, outre cela, qu'elles s'expliquent avec plus de netteté, et qu'elles donnent un tour plus agréable aux choses qu'elles disent. Pour galant, je l'ai été un peu autrefois; présentement je ne le suis plus, quelque jeune que je sois. J'ai renoncé aux fleurettes; et je m'étonne seulement de ce qu'il y a encore tant d'honnêtes gens qui s'occupent à en débiter.

J'approuve extrêmement les belles passions; elles marquent la grandeur de l'ame : et quoique dans les inquiétudes qu'elles donnent, il y ait quelque chose de contraire à la sévère sagesse, elles s'accommodent si bien d'ailleurs avec la plus austère vertu, que je crois qu'on ne les saurait condamner avec justice. Moi qui connais tout ce qu'il y a de délicat et de fort dans les grands sentiments de l'amour, si jamais je viens à aimer, ce sera assurément de cette sorte; mais de la façon dont je suis, je ne crois pas que cette connaissance que j'ai, me passe jamais de l'esprit au cœur.

PORTRAIT

DU DUC

DE LA ROCHEFOUCAULD,

PAR LE CARDINAL DE RETZ.

Il y a toujours eu du *je ne sais quoi* en M. de La Rochefoucauld. Il a voulu se mêler d'intrigues dès son enfance, et en un temps où il ne sentait pas les petits intérêts, qui n'ont jamais été son faible, et où il ne connaissait pas les grands, qui, d'un autre sens, n'ont pas été son fort. Il n'a jamais été capable d'aucune affaire, et je ne sais pourquoi ; car il avait des qualités qui eussent suppléé en tout autre celles qu'il n'avait pas. Sa vue n'était pas assez étendue, et il ne voyait pas même tout ensemble ce qui était à sa portée ; mais son bon sens, très-bon dans la spéculation, joint à sa douceur, à son insinuation, et à sa facilité de mœurs, qui est admirable, devait récompenser, plus qu'il n'a fait, le défaut de sa pénétration. Il a toujours eu une irrésolution habituelle; mais je ne sais même à quoi attribuer cette irrésolution. Elle n'a pu venir en lui de la fécondité de son imagination, qui n'est rien moins que vive. Je ne la puis donner à la stérilité de son jugement; car, quoiqu'il ne l'ait pas exquis dans l'action, il a un bon fonds de raison. Nous voyons les effets de cette irrésolution, quoique nous n'en connaissions pas la cause. Il n'a jamais été guerrier, quoiqu'il fût très-soldat. Il n'a jamais été par lui-même bon courtisan, quoiqu'il ait eu toujours bonne intention de l'être. Il n'a jamais été bon homme de parti, quoique toute sa vie il y ait été engagé. Cet air de honte et de timidité que vous lui voyez dans la vie civile, s'était tourné dans les affaires en air d'apologie. Il croyait toujours en avoir besoin; ce qui, joint à ses maximes, qui ne marquent pas assez de foi à la vertu, et à sa pratique, qui a toujours été à sortir des affaires avec autant d'impatience qu'il y était entré, me fait conclure qu'il eût beaucoup mieux fait de se connaître, et de se réduire à passer, comme il eût pu, pour le courtisan le plus poli, et le plus honnête homme, à l'égard de la vie commune, qui eût paru dans son siècle.

AVIS AU LECTEUR

DE L'ÉDITION DE 1665 (1).

Voici un portrait du cœur de l'homme, que je donne au public, sous le nom de *Réflexions* ou *Maximes morales*. Il court fortune de ne plaire pas à tout le monde, parce qu'on trouvera peut-être qu'il ressemble trop, et qu'il ne flatte pas assez. Il y a apparence que l'intention du pein-

---

(1) Nous reproduisons ici les deux Avis au lecteur des éditions de 1665 et 1666, et qui ont été supprimés dans toutes les éditions publiées après la mort de l'auteur. Une lettre de La Rochefoucauld, à madame de Sablé, semble prouver qu'il avait lui-même rédigé au moins une de ces préfaces. Voici cette lettre : « Je vous envoie une manière de Préface pour « les Maximes ; mais comme je la dois rendre dans « deux heures, je vous supplie humblement, ma- « dame, de me la renvoyer par le même laquais qui « vous porte ce billet. Je vous demande aussi de me «·dire ce que vous en trouvez. »

tre n'a jamais été de faire paraître cet ouvrage, et qu'il serait encore renfermé dans son cabinet si une méchante copie qui en a couru, et qui a passé même depuis quelque temps en Hollande, n'avait obligé un de ses amis de m'en donner une autre, qu'il dit être tout-à-fait conforme à l'original ; mais toute correcte qu'elle est, possible n'évitera-t-elle pas la censure de certaines personnes qui ne peuvent souffrir que l'on se mêle de pénétrer dans le fond de leur cœur, et qui croient être en droit d'empêcher que les autres les connaissent, parce qu'elles ne veulent pas se connaître elles-mêmes. Il est vrai que, comme ces Maximes sont remplies de ces sortes de vérités dont l'orgueil humain ne se peut accommoder, il est presque impossible qu'il ne se soulève contre elles, et qu'elles ne s'attirent des censeurs. Aussi, est-ce pour eux que je mets ici une *lettre* que l'on m'a donnée, qui a été faite depuis que le manuscrit a paru, et dans le temps que chacun se mêlait d'en dire son avis ; elle m'a semblé assez propre pour répondre aux principales difficultés que l'on peut opposer aux *Réflexions*, et pour expliquer les sentiments de leur auteur : elle suffit pour faire voir que ce qu'elles contiennent n'est autre chose que l'abrégé d'une morale conforme aux pensées de plusieurs Pères de l'Église, et que celui qui les a écrites a eu beaucoup de raison de croire qu'il ne pouvait s'égarer en suivant de si bons guides, et qu'il lui était permis de parler de l'homme comme les Pères en ont parlé; mais si le respect qui leur est dû n'est pas capable de retenir le chagrin des critiques, s'ils ne font point de scrupule de condamner l'opinion des grands hommes en condamnant ce livre, je prie le lecteur de ne les pas imiter, de ne laisser point entraîner son esprit au premier mouvement de son cœur, et de donner ordre, s'il est possible, que l'amour-propre ne se mêle point dans le jugement qu'il en fera; car, s'il le consulte, il ne faut pas s'attendre qu'il puisse être favorable à ces Maximes; comme elles traitent l'amour-propre de corrupteur de la raison, il ne manquera pas de prévenir l'esprit contre elles. Il faut donc prendre garde que cette prévention ne les justifie, et se persuader qu'il n'y a rien de plus propre à établir la vérité de ces Réflexions, que la chaleur et la subtilité que l'on témoignera pour les combattre. En effet, il sera difficile de faire croire à tout homme de bon sens, que l'on les condamne par d'autre motif que par celui de l'intérêt caché, de l'orgueil et de l'amour-propre. En un mot, le meilleur parti que le lecteur ait à prendre, est de se mettre d'abord dans l'esprit qu'il n'y a aucune de ces Maximes qui le regarde en particulier, et qu'il en est seul excepté, bien qu'elles paraissent générales. Après cela, je lui réponds qu'il sera le premier à y souscrire, et qu'il croira qu'elles font encore grace au cœur humain. Voilà ce que j'avais à dire sur cet écrit en général : pour ce qui est de la méthode que l'on y eût pu observer, je crois qu'il eût été à désirer que chaque Maxime eût eu un titre du sujet qu'elle traite, et qu'elles eussent été mises dans un plus grand ordre ; mais je ne l'ai pu faire sans renverser entièrement celui de la copie qu'on m'a donnée ; et comme il y a plusieurs Maximes sur une même matière, ceux à qui j'en ai demandé avis, ont jugé qu'il était plus expédient de faire une Table, à laquelle on aura recours pour trouver celles qui traitent d'une même chose.

AVIS AU LECTEUR

DE L'ÉDITION DE 1666.

Mon cher lecteur,

Voici une seconde édition des *Réflexions morales*, que vous trouverez sans doute plus correcte et plus exacte en toute façon que n'a été la première. Ainsi, vous pouvez maintenant en faire tel jugement que vous voudrez, sans que je me mette en peine de tâcher à vous prévenir en leur faveur, puisque si elles sont telles que je le crois, on ne pourrait leur faire plus de tort que de se persuader qu'elles eussent besoin d'apologie. Je me contenterai de vous avertir de deux choses : l'une, que par le mot d'intérêt, on n'entend pas toujours un intérêt de bien, mais, le plus souvent, un intérêt d'honneur ou de gloire ; et l'autre, qui est la principale et comme le fondement de toutes ces Réflexions, est que celui qui les a faites n'a considéré les hommes que dans cet état déplorable de la nature corrompue par le péché; et qu'ainsi la manière dont il parle de ce nombre infini de défauts qui se rencontrent dans leurs vertus apparentes, ne regarde point ceux que Dieu en préserve par une grace particulière.

Pour ce qui est de l'ordre de ces Réflexions, vous n'aurez pas peine à juger, mon cher lecteur, que comme elles sont toutes sur des matières différentes, il était difficile d'y en observer. Et bien qu'il y en ait plusieurs sur le même sujet, on n'a pas cru les devoir mettre de suite, de crainte d'ennuyer le lecteur; mais on les trouvera dans la Table.

RÉFLEXIONS,

OU

SENTENCES ET MAXIMES MORALES.

Nos vertus ne sont, le plus souvent, que des vices déguisés (1).

I.

Ce que nous prenons pour des vertus, n'est souvent qu'un assemblage de diverses

---

(1) Cette pensée, qui peut être considérée comme la base du système de La Rochefoucauld, se trouve dans la première édition, sous la forme suivante : « Ce que le monde nomme vertu, n'est « d'ordinaire qu'un fantôme formé par nos passions, « à qui on donne un nom honnête, pour faire im-

actions et de divers intérêts, que la fortune ou notre industrie savent arranger; et ce n'est pas toujours par valeur et par chasteté, que les hommes sont vaillants, et que les femmes sont chastes (1).

« punément ce qu'on veut. » (1665 — n° 179.) Elle ne se trouve ni dans la seconde, ni dans la troisième édition, et ce ne fut que dans les deux dernières (1675, 1678) qu'elle reparut comme épigraphe, et sous une autre forme, à la tête des Réflexions morales.

(1) On lit dans l'édition de 1665, n° 181 : « Nous « sommes préoccupés de telle sorte en notre faveur, « que ce que nous prenons souvent pour des ver-« tus, n'est en effet qu'un nombre de vices qui leur « ressemblent, et que l'orgueil et l'amour-propre « nous ont déguisés. » — De plusieurs actions différentes que la fortune arrange comme il lui plaît, il s'en fait plusieurs vertus (1665 — n°293).

Dans la seconde et la troisième édition (1666, 1671), La Rochefoucauld refondit ces deux pensées en une seule, qu'il plaça au commencement de son ouvrage; ce ne fut que dans les deux dernières éditions (1675, 1678), que cette Maxime parut telle qu'on la voit aujourd'hui.

II.

L'amour-propre est le plus grand de tous les flatteurs.

III.

Quelque découverte que l'on ait faite dans le pays de l'amour-propre, il y reste encore bien des terres inconnues.

IV.

L'amour-propre est plus habile que le plus habile homme du monde.

V.

La durée de nos passions ne dépend pas plus de nous, que la durée de notre vie.

VI.

La passion fait souvent un fou du plus habile homme, et rend souvent les plus sots habiles (1).

---

(1) « La passion fait souvent du plus habile « homme un fol, et rend quasi toujours les plus « sots habiles (1665). » Les mots *fol* et *quasi* disparurent dans la 2ᵉ édition (1666).

VII.

Ces grandes et éclatantes actions, qui éblouissent les yeux, sont représentées par les politiques comme les effets des grands desseins, au lieu que ce sont d'ordinaire les effets de l'humeur et des passions. Ainsi la guerre d'Auguste et d'Antoine, qu'on rapporte à l'ambition qu'ils avaient de se rendre maîtres du monde, n'était peut-être qu'un effet de jalousie (1).

VIII.

Les passions sont les seuls orateurs qui persuadent toujours. Elles sont comme un art de la nature dont les règles sont infaillibles; et l'homme le plus simple, qui a de

---

(1) La Rochefoucauld avait d'abord présenté, d'une manière affirmative, le motif de cette guerre; voici comment il s'exprimait : « ..... Ainsi, la guerre « d'Auguste et d'Antoine, qu'on rapporte à l'am- « bition qu'ils avaient de se rendre maîtres du « monde, était un effet de jalousie. » (1665—n° 7.) Depuis, l'auteur employa la forme dubitative.

la passion, persuade mieux que le plus éloquent qui n'en a point (1).

IX.

Les passions ont une justice et un propre intérêt, qui fait qu'il est dangereux de les suivre, et qu'on s'en doit défier, lors même qu'elles paraissent le plus raisonnables.

X.

Il y a, dans le cœur humain, une génération perpétuelle de passions, en sorte que la ruine de l'une est presque toujours l'établissement d'une autre.

XI.

Les passions en engendrent souvent qui leur sont contraires; l'avarice produit quelquefois la prodigalité, et la prodigalité l'avarice : on est souvent ferme par faiblesse, et audacieux par timidité (2).

---

(1) ..... « Et l'homme le plus simple, que la pas-
« sion fait parler, persuade mieux que celui qui
« n'a que la seule éloquence. » (1665—n° 8.)

(2) Le mot *prodigalité* a remplacé, dans les

XII.

Quelque soin que l'on prenne de couvrir ses passions par des apparences de piété et d'honneur, elles paraissent toujours au travers de ces voiles (1).

XIII.

Notre amour-propre souffre plus impatiemment la condamnation de nos goûts que de nos opinions.

XIV.

Les hommes ne sont pas seulement sujets à perdre le souvenir des bienfaits et des injures ; ils haïssent même ceux qui les ont obligés, et cessent de haïr ceux qui leur ont fait des outrages. L'application à récompenser le bien et à se venger du mal, leur paraît une servitude à laquelle ils ont peine de se soumettre.

---

quatre dernières éditions, celui de *libéralité*, que La Rochefoucauld avait mis dans la première.

(1) Quelque industrie que l'on ait à cacher ses passions sous le voile de la piété et de l'honneur, il y en a toujours quelque endroit qui se montre. (1665—n° 12.)

XV.

La clémence des princes n'est souvent qu'une politique pour gagner l'affection des peuples.

XVI.

Cette clémence, dont on fait une vertu, se pratique tantôt par vanité, quelquefois par paresse, souvent par crainte, et, presque toujours, par tous les trois ensemble (1).

XVII.

La modération des personnes heureuses vient du calme que la bonne fortune donne à leur humeur (2).

XVIII.

La modération est une crainte de tom-

---

(1) La clémence, dont nous faisons une vertu, se pratique tantôt pour la gloire, quelquefois par paresse, souvent par crainte, et presque toujours par tous les trois ensemble. (1665—n° 16.)

(2) La modération des personnes heureuses est le calme de leur humeur adoucie par la possession du bien. (1665—n° 19.)

ber dans l'envie et dans le mépris que méritent ceux qui s'enivrent de leur bonheur; c'est une vaine ostentation de la force de notre esprit; et enfin, la modération des hommes dans leur plus haute élévation est un désir de paraître plus grands que leur fortune.

XIX.

Nous avons tous assez de force pour supporter les maux d'autrui.

XX.

La constance des sages n'est que l'art de renfermer leur agitation dans leur cœur.

XXI.

Ceux qu'on condamne au supplice affectent quelquefois une constance et un mépris de la mort, qui n'est en effet que la crainte de l'envisager; de sorte qu'on peut dire que cette constance et ce mépris sont à leur esprit ce que le bandeau est à leurs yeux (1).

---

(1) Ceux qu'on fait mourir affectent quelquefois

XXII.

La philosophie triomphe aisément des maux passés et des maux à venir; mais les maux présents triomphent d'elle (1).

XXIII.

Peu de gens connaissent la mort; on ne la souffre pas ordinairement par résolution, mais par stupidité et par coutume; et la plupart des hommes meurent, parce qu'on ne peut s'empêcher de mourir (2).

XXIV.

Lorsque les grands hommes se laissent

---

des constances, des froideurs et des mépris de la mort, pour ne pas penser à elle; de sorte qu'on peut dire que ces froideurs et ces mépris font à leur esprit ce que le bandeau fait à leurs yeux. (1665—n° 24.)

(1) La philosophie triomphe aisément des maux passés et de ceux qui ne sont pas prêts d'arriver, mais les maux présents triomphent d'elle. (1665—n° 25.)

(2) Dans la première édition, cette réflexion se termine ainsi : «...... et la plupart des hommes « meurent, parce qu'on meurt. » (1665—n° 26).

abattre par la longueur de leurs infortunes, ils font voir qu'ils ne les soutenaient que par la force de leur ambition, et non par celle de leur ame; et qu'à une grande vanité près, les héros sont faits comme les autres hommes (1).

XXV.

Il faut de plus grandes vertus pour soutenir la bonne fortune que la mauvaise (2).

XXVI.

Le soleil ni la mort ne se peuvent regarder fixement.

---

(1) Les grands hommes s'abattent et se démontent à la fin par la longueur de leurs infortunes; cela fait bien voir qu'ils n'étaient pas forts quand ils les supportaient, mais seulement qu'ils se donnaient la gêne pour le paraître, et qu'ils soutenaient leurs malheurs par la force de leur ambition, et non pas par celle de leur ame; enfin, à une grande vanité près, les héros sont faits comme les autres hommes (1665—n° 27.)

(2) Il faut de plus grandes vertus et en plus grand nombre pour soutenir la bonne fortune, que la mauvaise. (1665—n° 28.)

XXVII.

On fait souvent vanité des passions, même les plus criminelles; mais l'envie est une passion timide et honteuse que l'on n'ose jamais avouer (1).

XXVIII.

La jalousie est, en quelque manière, juste et raisonnable, puisqu'elle ne tend qu'à conserver un bien qui nous appartient, ou que nous croyons nous appartenir : au lieu que l'envie est une fureur qui ne peut souffrir le bien des autres (2).

XXIX.

Le mal que nous faisons ne nous attire

---

(1) Quoique toutes les passions se dussent cacher, elles ne craignent pas néanmoins le jour; la seule envie est une passion timide et honteuse qu'on n'ose jamais avouer. (1665—n° 30.)

(2) La jalousie est raisonnable et juste en quelque manière, puisqu'elle ne cherche qu'à conserver un bien qui nous appartient, ou que nous croyons nous appartenir; au lieu que l'envie est une fureur qui nous fait toujours souhaiter la ruine du bien des autres. (1665—n° 31.)

pas tant de persécution et de haine que nos bonnes qualités.

XXX.

Nous avons plus de force que de volonté ; et c'est souvent pour nous excuser à nous-mêmes, que nous nous imaginons que les choses sont impossibles.

XXXI.

Si nous n'avions point de défauts, nous ne prendrions pas tant de plaisir à en remarquer dans les autres (1).

XXXII.

La jalousie se nourrit dans les doutes ; et elle devient fureur, ou elle finit, sitôt qu'on passe du doute à la certitude (2).

---

(1) Si nous n'avions point de défauts, nous ne serions pas si aises d'en remarquer aux autres. (1665—n° 31.)

(2) La jalousie ne subsiste que dans les doutes ; l'incertitude est sa matière ; c'est une passion qui cherche tous les jours de nouveaux sujets d'inquiétude et de nouveaux tourments. On cesse d'être

XXXIII.

L'orgueil se dédommage toujours et ne perd rien, lors même qu'il renonce à la vanité.

XXXIV.

Si nous n'avions point d'orgueil, nous ne nous plaindrions pas de celui des autres.

XXXV.

L'orgueil est égal dans tous les hommes, et il n'y a de différence qu'aux moyens et à la manière de le mettre au jour.

XXXVI.

Il semble que la nature, qui a si sagement disposé les organes de notre corps pour nous rendre heureux, nous ait aussi

---

jaloux dès que l'on est éclairci de ce qui causait la jalousie (1665—n° 35.) — La jalousie se nourrit dans les doutes. C'est une passion qui cherche toujours de nouveaux sujets d'inquiétude et de nouveaux tourments, et elle devient fureur sitôt qu'on passe du doute à la certitude. (1666—n° 32.)

donné l'orgueil pour nous épargner la douleur de connaître nos imperfections (1).

XXXVII.

L'orgueil a plus de part que la bonté aux remontrances que nous faisons à ceux qui commettent des fautes ; et nous ne les reprenons pas tant pour les en corriger, que pour leur persuader que nous en sommes exempts.

XXXVIII.

Nous promettons selon nos espérances, et nous tenons selon nos craintes.

XXXIX.

L'intérêt parle toutes sortes de langues, et joue toutes sortes de personnages, même celui de désintéressé.

---

(1) La nature, qui a si sagement pourvu à la vie de l'homme, par la disposition admirable des organes du corps, lui a sans doute donné l'orgueil, pour lui épargner la douleur de connaître ses imperfections et ses misères. (1665—n° 40.)

XL.

L'intérêt qui aveugle les uns fait la lumière des autres (1).

XLI.

Ceux qui s'appliquent trop aux petites choses, deviennent ordinairement incapables des grandes (2).

XLII.

Nous n'avons pas assez de force pour suivre toute notre raison.

XLIII.

L'homme croit souvent se conduire lorsqu'il est conduit; et pendant que, par son esprit, il tend à un but, son cœur l'entraîne insensiblement à un autre (3).

---

(1) L'intérêt, à qui on reproche d'aveugler les uns, est tout ce qui fait la lumière des autres. (1665—n° 44.)

(2) La complexion qui fait le talent pour les petites choses, est contraire à celle qu'il faut pour le talent des grandes. (1665—n° 51.)

(3) L'homme est conduit, lorsqu'il croit se con-

XLIV.

La force et la faiblesse de l'esprit sont mal nommées; elles ne sont en effet que la bonne ou la mauvaise disposition des organes du corps.

XLV.

Le caprice de notre humeur est encore plus bizarre que celui de la fortune.

XLVI.

L'attachement ou l'indifférence que les philosophes avaient pour la vie, n'était qu'un goût de leur amour-propre, dont on ne doit non plus disputer que du goût de la langue ou du choix des couleurs (1).

XLVII.

Notre humeur met le prix à tout ce qui nous vient de la fortune.

---

duire, et, pendant que par son esprit il vise à un endroit, son cœur l'achemine insensiblement à un autre. (1665—n° 47.)

(1) L'attachement ou l'indifférence pour la vie, sont des goûts de l'amour-propre, dont on ne doit non plus disputer que de ceux de la langue, ou du choix des couleurs. (1665—n° 52.)

XLVIII.

La félicité est dans le goût, et non pas dans les choses; et c'est par avoir ce qu'on aime qu'on est heureux, et non par avoir ce que les autres trouvent aimable.

XLIX.

On n'est jamais si heureux ni si malheureux qu'on s'imagine (1).

L.

Ceux qui croient avoir du mérite, se font un honneur d'être malheureux, pour persuader aux autres et à eux-mêmes qu'ils sont dignes d'être en butte à la fortune (2).

---

(1) On n'est jamais si malheureux qu'on croit, ni si heureux qu'on avait espéré. (1665—n° 59.) —On n'est jamais si heureux ni si malheureux que l'on pense. (1666—n° 50.)

(2) Ceux qui se sentent du mérite se piquent toujours d'être malheureux, pour persuader aux autres et à eux-mêmes qu'ils sont au-dessus de leurs malheurs, et qu'ils sont dignes d'être en

LI.

Rien ne doit tant diminuer la satisfaction que nous avons de nous-mêmes, que de voir que nous désapprouvons dans un temps ce que nous approuvions dans un autre (1).

LII.

Quelque différence qui paraisse entre les fortunes, il y a néanmoins une certaine compensation de biens et de maux qui les rend égales (2).

---

butte à la fortune. (1665 — n° 57.) On trouve dans la même édition (n° 60) la même pensée, ainsi rédigée : « On se console souvent d'être malheu-« reux, par un certain plaisir qu'on trouve à le « paraître. »

(1) Rien ne doit tant diminuer la satisfaction que nous avons de nous-mêmes, que de voir que nous avons été contents dans l'état et dans les sentiments que nous désapprouvons à cette heure. (1665 — n° 58.)

(2) Quelque différence qu'il y ait entre les fortunes, il y a pourtant une certaine proportion de biens et de maux qui les rend égales. (1665 — n° 61.)

LIII.

Quelques grands avantages que la nature donne, ce n'est pas elle seule, mais la fortune avec elle qui fait les héros (1).

LIV.

Le mépris des richesses était, dans les philosophes, un désir caché de venger leur mérite de l'injustice de la fortune, par le mépris des mêmes biens dont elle les privait; c'était un secret pour se garantir de l'avilissement de la pauvreté; c'était un chemin détourné pour aller à la considération qu'ils ne pouvaient avoir par les richesses.

LV.

La haine pour les favoris n'est autre chose que l'amour de la faveur. Le dépit de ne la pas posséder se console et s'adoucit par le mépris que l'on témoigne de ceux qui la possèdent; et nous leur refusons nos

---

(1) Quelques grands avantages que la nature donne, ce n'est pas elle, mais la fortune qui fait les héros. (1665—n° 62.)

hommages, ne pouvant pas leur ôter ce qui leur attire ceux de tout le monde.

LVI.

Pour s'établir dans le monde, on fait tout ce que l'on peut pour y paraître établi.

LVII.

Quoique les hommes se flattent de leurs grandes actions, elles ne sont pas souvent les effets d'un grand dessein, mais des effets du hasard (1).

LVIII.

Il semble que nos actions aient des étoiles heureuses ou malheureuses, à qui elles doivent une grande partie de la louange et du blâme qu'on leur donne.

LIX.

Il n'y a point d'accidents si malheureux

---

(1) Quoique la grandeur des ministres se flatte de celle de leurs actions, elles sont bien souvent les effets du hasard, ou de quelque petit dessein. (1665—n° 66.)

dont les habiles gens ne tirent quelque avantage, ni de si heureux que les imprudents ne puissent tourner à leur préjudice.

LX.

La fortune tourne tout à l'avantage de ceux qu'elle favorise (1).

LXI.

Le bonheur et le malheur des hommes ne dépend pas moins de leur humeur que de la fortune.

LXII.

La sincérité est une ouverture de cœur. On la trouve en fort peu de gens; et celle que l'on voit d'ordinaire, n'est qu'une fine dissimulation pour attirer la confiance des autres.

LXIII.

L'aversion du mensonge est souvent une imperceptible ambition de rendre nos

---

(1) La fortune ne laisse rien perdre pour les hommes heureux. (1665—n° 69.)

témoignages considérables, et d'attirer à nos paroles un respect de religion.

LXIV.

La vérité ne fait pas tant de bien dans le monde, que ses apparences y font de mal.

LXV.

Il n'y a point d'éloges qu'on ne donne à la prudence; cependant elle ne saurait nous assurer du moindre évènement (1).

---

(1) L'auteur s'est essayé plusieurs fois avant d'arriver à une précision plus parfaite. Voici comment il s'exprimait dans sa première édition : « On « élève la prudence jusqu'au ciel, et il n'est sorte « d'éloge qu'on ne lui donne; elle est la règle de « nos actions et de notre conduite, elle est la maî- « tresse de la fortune, elle fait le destin des em- « pires; sans elle on a tous les maux, avec elle on « a tous les biens; et, comme disait autrefois un « poète, quand nous avons la prudence, il ne nous « manque aucune divinité (*Nullum numen abest*, « *si sit prudentia*. Juvénal, Sat. x), pour dire « que nous trouvons dans la prudence tout le se- « cours que nous demandons aux dieux. Cependant

LXVI.

Un habile homme doit régler le rang de ses intérêts, et les conduire chacun dans son ordre. Notre avidité le trouble souvent, en nous faisant courir à tant de cho-

---

« la prudence la plus consommée ne saurait nous
« assurer du plus petit effet du monde, parce que
« travaillant sur une matière aussi changeante et
« aussi inconnue qu'est l'homme, elle ne peut exé-
« cuter sûrement aucun de ses projets : d'où il
« faut conclure que toutes les louanges dont nous
« flattons notre prudence, ne sont que des effets
« de notre amour-propre, qui s'applaudit en toutes
« choses et en toutes rencontres. » (1665—n° 75).
Dès la seconde édition, l'auteur se corrigea ainsi:
« Il n'y a point d'éloges qu'on ne donne à la pru-
« dence. Cependant, quelque grande qu'elle soit,
« elle ne saurait nous assurer du moindre évène-
« ment, parce qu'elle travaille sur l'homme, qui
« est le sujet du monde le plus changeant. » (1666
— n° 66 — 1671, 1675 — n° 65.) Enfin, dans sa
dernière édition, l'auteur refit cette pensée telle
qu'elle est aujourd'hui. Ces différents essais offrent
une étude de style bien digne d'être méditée.

4.

ses à la fois, que pour désirer trop les moins importantes, on manque les plus considérables.

LXVII.

La bonne grace est au corps ce que le bon sens est à l'esprit.

LXVIII.

Il est difficile de définir l'amour; ce qu'on en peut dire est que, dans l'ame, c'est une passion de régner; dans les esprits, c'est une sympathie; et dans le corps, ce n'est qu'une envie cachée et délicate de posséder ce que l'on aime, après beaucoup de mystères.

LXIX.

S'il y a un amour pur et exempt du mélange de nos autres passions, c'est celui qui est caché au fond du cœur, et que nous ignorons nous-mêmes (1).

---

(1) Il n'y a point d'amour pur et exempt du mélange des autres passions, que celui qui est caché au fond du cœur, et que nous ignorons nous-mêmes. (1665—n° 79.)

LXX.

Il n'y a point de déguisement qui puisse long-temps cacher l'amour où il est, ni le feindre où il n'est pas.

LXXI.

Il n'y a guère de gens qui ne soient honteux de s'être aimés, quand ils ne s'aiment plus.

LXXII.

Si on juge de l'amour par la plupart de ses effets, il ressemble plus à la haine qu'à l'amitié.

LXXIII.

On peut trouver des femmes qui n'ont jamais eu de galanterie; mais il est rare d'en trouver qui n'en aient jamais eu qu'une (1).

LXXIV.

Il n'y a qu'une sorte d'amour, mais il y en a mille différentes copies.

---

(1) Qui n'ont jamais *fait* de galanterie. (1665 —n° 83.)

LXXV.

L'amour, aussi-bien que le feu, ne peut subsister sans mouvement continuel; et il cesse de vivre dès qu'il cesse d'espérer ou de craindre.

LXXVI.

Il en est du véritable amour comme de l'apparition des esprits : tout le monde en parle, mais peu de gens en ont vu.

LXXVII.

L'amour prête son nom à un nombre infini de commerces qu'on lui attribue, et où il n'a non plus de part que le doge à ce qui se fait à Venise.

LXXVIII.

L'amour de la justice n'est, en la plupart des hommes, que la crainte de souffrir l'injustice (1).

---

(1) La justice n'est qu'une vive appréhension qu'on ne nous ôte ce qui nous appartient; de là vient cette considération et ce respect pour tous les intérêts du prochain, et cette scrupuleuse ap-

LXXIX.

Le silence est le parti le plus sûr pour celui qui se défie de soi-même.

LXXX.

Ce qui nous rend si changeants dans nos amitiés, c'est qu'il est difficile de connaître les qualités de l'ame, et facile de connaître celles de l'esprit (1).

LXXXI.

Nous ne pouvons rien aimer que par rapport à nous, et nous ne faisons que

---

plication à ne lui faire aucun préjudice; cette crainte retient l'homme dans les bornes des biens que la naissance ou la fortune lui ont donnés; et, sans cette crainte, il ferait des courses continuelles sur les autres. (1665—n° 88.)—On blâme l'injustice, non pas par l'aversion que l'on a pour elle, mais pour le préjudice que l'on en reçoit. (1665—n° 90.)

(1) Ce qui rend nos inclinations si légères et si changeantes, c'est qu'il est aisé de connaître les qualités de l'esprit, et difficile de connaitre celles de l'ame (1665—n° 93).

suivre notre goût et notre plaisir, quand nous préférons nos amis à nous-mêmes; c'est néanmoins par cette préférence seule que l'amitié peut être vraie et parfaite.

LXXXII.

La réconciliation avec nos ennemis n'est qu'un désir de rendre notre condition meilleure, une lassitude de la guerre, et une crainte de quelque mauvais évènement (1).

LXXXIII.

Ce que les hommes ont nommé amitié, n'est qu'une société, qu'un ménagement réciproque d'intérêts, et qu'un échange de bons offices; ce n'est enfin qu'un commerce où l'amour-propre se propose toujours quelque chose à gagner (2).

---

(1) La réconciliation avec nos ennemis, qui se fait au nom de la sincérité, de la douceur, et de la tendresse.....(1665—n° 95.)

(2) L'amitié la plus désintéressée n'est qu'un trafic, où notre amour-propre se propose toujours quelque chose à gagner. (1665—n° 94.)

LXXXIV.

Il est plus honteux de se défier de ses amis, que d'en être trompé.

LXXXV.

Nous nous persuadons souvent d'aimer les gens plus puissants que nous, et néanmoins c'est l'intérêt seul qui produit notre amitié; nous ne nous donnons pas à eux pour le bien que nous leur voulons faire, mais pour celui que nous en voulons recevoir.

LXXXVI.

Notre défiance justifie la tromperie d'autrui.

LXXXVII.

Les hommes ne vivraient pas long-temps en société, s'ils n'étaient les dupes les uns des autres.

LXXXVIII.

L'amour-propre nous augmente ou nous diminue les bonnes qualités de nos amis, à proportion de la satisfaction que nous avons d'eux, et nous jugeons de leur mérite par la manière dont ils vivent avec nous.

LXXXIX.

Tout le monde se plaint de sa mémoire, et personne ne se plaint de son jugement.

XC.

Nous plaisons plus souvent, dans le commerce de la vie, par nos défauts que par nos bonnes qualités.

XCI.

La plus grande ambition n'en a pas la moindre apparence, lorsqu'elle se rencontre dans une impossibilité absolue d'arriver où elle aspire.

XCII.

Détromper un homme préoccupé de son mérite, c'est lui rendre un aussi mauvais office que celui que l'on rendit à ce fou d'Athènes, qui croyait que tous les vaisseaux qui arrivaient dans le port étaient à lui (1).

---

(1) On a autant de sujet de se plaindre de ceux

XCIII.

Les vieillards aiment à donner de bons préceptes, pour se consoler de n'être plus en état de donner de mauvais exemples.

XCIV.

Les grands noms abaissent, au lieu d'élever ceux qui ne les savent pas soutenir.

XCV.

La marque d'un mérite extraordinaire est de voir que ceux qui l'envient le plus, sont contraints de le louer.

XCVI.

Tel homme est ingrat, qui est moins coupable de son ingratitude, que celui qui lui a fait du bien.

XCVII.

On s'est trompé lorsqu'on a cru que l'esprit et le jugement étaient deux choses différentes; le jugement n'est que la gran-

---

qui nous apprennent à nous connaître nous-mêmes, qu'en eut ce fou d'Athènes, de se plaindre du médecin qui l'avait guéri de l'opinion d'être riche. (1665—n° 104.)

deur de la lumière de l'esprit. Cette lumière pénètre le fond des choses; elle y remarque tout ce qu'il faut remarquer, et aperçoit celles qui semblent imperceptibles. Ainsi il faut demeurer d'accord que c'est l'étendue de la lumière de l'esprit qui produit tous les effets qu'on attribue au jugement (1).

XCVIII.

Chacun dit du bien de son cœur, et personne n'en ose dire de son esprit.

---

(1) Le jugement n'est autre chose que la grandeur de la lumière de l'esprit, son étendue est la mesure de sa lumière, sa profondeur est celle qui pénètre le fond des choses, son discernement les compare et les distingue, sa justesse ne voit que ce qu'il faut voir, sa droiture les prend toujours par le bon biais, sa délicatesse aperçoit celles qui paraissent imperceptibles, et le jugement décide ce que les choses sont; si l'on examine bien, on trouvera que toutes ces qualités ne sont autre chose que la grandeur de l'esprit, lequel, voyant tout, rencontre dans la plénitude de ses lumières tous les avantages dont nous venons de parler. (1665 — n° 107.)

XCIX.

La politesse de l'esprit consiste à penser des choses honnêtes et délicates (1).

C.

La galanterie de l'esprit est de dire des choses flatteuses d'une manière agréable (2).

CI.

Il arrive souvent que des choses se présentent plus achevées à notre esprit, qu'il ne les pourrait faire avec beaucoup d'art (3).

---

(1) La politesse de l'esprit est un tour par lequel il pense toujours des choses honnêtes et délicates. (1665—n° 99.)

(2) La galanterie de l'esprit est un tour de l'esprit, par lequel il entre dans les choses les plus flatteuses, c'est-à-dire, celles qui sont le plus capables de plaire aux autres. (1665—n° 110.)

(3) Il y a de jolies choses que l'esprit ne cherche point, et qu'il trouve toutes achevées en lui-même; il semble qu'elles y soient cachées comme l'or et les diamants dans le sein de la terre. (1665—n° 111.)

CII.

L'esprit est toujours la dupe du cœur.

CIII.

Tous ceux qui connaissent leur esprit, ne connaissent pas leur cœur (1).

CIV.

Les hommes et les affaires ont leur point de perspective. Il y en a qu'il faut voir de près pour en bien juger, et d'autres dont on ne juge jamais si bien que quand on en est éloigné (2).

CV.

Celui-là n'est pas raisonnable à qui le hasard fait trouver la raison; mais celui qui la connaît, qui la discerne et qui la goûte.

---

(1) Bien des gens connaissent leur esprit, qui ne connaissent pas leur cœur (1665—n° 113.)

(2) Toutes les grandes choses ont leur point de perspective, comme les statues; il y en a..... etc. (1665—n° 114.)

CVI.

Pour bien savoir les choses, il en faut savoir le détail; et, comme il est presque infini, nos connaissances sont toujours superficielles et imparfaites.

CVII.

C'est une espèce de coquetterie, de faire remarquer qu'on n'en fait jamais.

CVIII.

L'esprit ne saurait jouer long-temps le personnage du cœur.

CIX.

La jeunesse change ses goûts par l'ardeur du sang, et la vieillesse conserve les siens par l'accoutumance.

CX.

On ne donne rien si libéralement que ses conseils (1).

---

(1) Il n'y a point de plaisir qu'on fasse plus volontiers à un ami, que celui de lui donner conseil. (1665—n° 117.)

CXI.

Plus on aime une maîtresse, plus on est près de la haïr.

CXII.

Les défauts de l'esprit augmentent en vieillissant, comme ceux du visage.

CXIII.

Il y a de bons mariages; mais il n'y en a point de délicieux.

CXIV.

On ne se peut consoler d'être trompé par ses ennemis et trahi par ses amis, et l'on est souvent satisfait de l'être par soi-même.

CXV.

Il est aussi facile de se tromper soi-même sans s'en apercevoir, qu'il est difficile de tromper les autres sans qu'ils s'en aperçoivent.

CXVI.

Rien n'est moins sincère que la manière

de demander et de donner des conseils. Celui qui en demande paraît avoir une déférence respectueuse pour les sentiments de son ami, bien qu'il ne pense qu'à lui faire approuver les siens, et à le rendre garant de sa conduite; et celui qui conseille, paie la confiance qu'on lui témoigne d'un zèle ardent et désintéressé, quoiqu'il ne cherche le plus souvent, dans les conseils qu'il donne, que son propre intérêt ou sa gloire (1).

---

(1) Rien n'est plus divertissant que de voir deux hommes assemblés, l'un pour demander conseil, et l'autre pour le donner. L'un paraît avec une déférence respectueuse, et dit qu'il vient recevoir des instructions pour sa conduite; et son dessein, le plus souvent, est de faire approuver ses sentiments, et de rendre celui qu'il vient consulter garant de l'affaire qu'il lui propose. Celui qui conseille paie d'abord la confiance de son ami des marques d'un zèle ardent et désintéressé, et il cherche en même temps, dans ses propres intérêts, des règles de conseiller; de sorte que son conseil lui est bien plus propre qu'à celui qui le reçoit. (1665—n° 118.)

CXVII.

La plus subtile de toutes les finesses, est de savoir bien feindre de tomber dans les piéges qu'on nous tend ; et l'on n'est jamais si aisément trompé que quand on songe à tromper les autres.

CXVIII.

L'intention de ne jamais tromper nous expose à être souvent trompés.

CXIX.

Nous sommes si accoutumés à nous déguiser aux autres, qu'enfin nous nous déguisons à nous-mêmes (1).

CXX.

L'on fait plus souvent des trahisons par faiblesse, que par un dessein formé de trahir.

---

(1) La coutume que nous avons de nous déguiser aux autres pour acquérir leur estime, fait qu'enfin nous nous déguisons à nous-mêmes. (1665—n° 123.)

CXXI.

On fait souvent du bien pour pouvoir impunément faire du mal.

CXXII.

Si nous résistons à nos passions, c'est plus par leur faiblesse que par notre force.

CXXIII.

On n'aurait guère de plaisir, si on ne se flattait jamais.

CXXIV.

Les plus habiles affectent toute leur vie de blâmer les finesses, pour s'en servir en quelque grande occasion, et pour quelque grand intérêt.

CXXV.

L'usage ordinaire de la finesse est la marque d'un petit esprit; et il arrive presque toujours que celui qui s'en sert pour se couvrir en un endroit, se découvre en un autre.

CXXVI.

Les finesses et les trahisons ne viennent que du manque d'habileté (1).

CXXVII.

Le vrai moyen d'être trompé, c'est de se croire plus fin que les autres (2).

CXXVIII.

La trop grande subtilité est une fausse délicatesse, et la véritable délicatesse est une solide subtilité.

CXXIX.

Il suffit quelquefois d'être grossier, pour n'être pas trompé par un habile homme.

CXXX.

La faiblesse est le seul défaut que l'on ne saurait corriger.

---

(1) Si on était toujours assez habile, on ne ferait jamais de finesses ni de trahisons. (1665—n° 128.)

(2) On est fort sujet à être trompé, quand on croit être plus fin que les autres. (1665—n° 129.)

CXXXI.

Le moindre défaut des femmes qui se sont abandonnées à faire l'amour, c'est de faire l'amour.

CXXXII.

Il est plus aisé d'être sage pour les autres, que de l'être pour soi-même.

CXXXIII.

Les seules bonnes copies sont celles qui nous font voir le ridicule des méchants originaux (1).

CXXXIV.

On n'est jamais si ridicule par les qualités que l'on a, que par celles que l'on affecte d'avoir.

CXXXV.

On est quelquefois aussi différent de soi-même que des autres.

---

(1) Dans l'édition de 1666, qui est celle où cette réflexion a paru pour la première fois, on lit *des excellents originaux*, au lieu de *des méchants originaux*.

CXXXVI.

Il y a des gens qui n'auraient jamais été amoureux, s'ils n'avaient jamais entendu parler de l'amour.

CXXXVII.

On parle peu quand la vanité ne fait pas parler (1).

CXXXVIII.

On aime mieux dire du mal de soi-même que de n'en point parler.

CXXXIX.

Une des choses qui fait que l'on trouve si peu de gens qui paraissent raisonnables et agréables dans la conversation, c'est qu'il n'y a presque personne qui ne pense plutôt à ce qu'il veut dire, qu'à répondre précisément à ce qu'on lui dit. Les plus habiles et les plus complaisants se con-

---

(1) Quand la vanité ne fait point parler, on n'a pas envie de dire grand'chose. (1665 — n° 139.)

tentent de montrer seulement une mine attentive, au même temps que l'on voit dans leurs yeux et dans leur esprit un égarement pour ce qu'on leur dit, et une précipitation pour retourner à ce qu'ils veulent dire; au lieu de considérer que c'est un mauvais moyen de plaire aux autres, ou de les persuader, que de chercher si fort à se plaire à soi-même, et que bien écouter et bien répondre est une des plus grandes perfections qu'on puisse avoir dans la conversation.

CXL.

Un homme d'esprit serait souvent bien embarrassé sans la compagnie des sots.

CXLI.

Nous nous vantons souvent de ne nous point ennuyer; et nous sommes si glorieux, que nous ne voulons pas nous trouver de mauvaise compagnie (1).

---

(1) On se vante souvent, mal à propos, de ne se point ennuyer; et l'homme est si glorieux, qu'il

CXLII.

Comme c'est le caractère des grands esprits de faire entendre en peu de paroles beaucoup de choses, les petits esprits, au contraire, ont le don de beaucoup parler, et de ne rien dire.

CXLIII.

C'est plutôt par l'estime de nos propres sentiments, que nous exagérons les bonnes qualités des autres, que par l'estime de leur mérite; et nous voulons nous attirer des louanges, lorsqu'il semble que nous leur en donnons (1).

CXLIV.

On n'aime point à louer, et on ne loue

---

ne veut pas se trouver de mauvaise compagnie. (1665—n° 143.)

(1) C'est plutôt par l'estime de nos sentiments que nous exagérons les bonnes qualités des autres, que par leur mérite; et nous nous louons en effet, lorsqu'il semble que nous leur donnons des louanges. (1665—n° 146.)

jamais personne sans intérêt. La louange est une flatterie habile, cachée et délicate, qui satisfait différemment celui qui la donne et celui qui la reçoit : l'un la prend comme une récompense de son mérite; l'autre la donne pour faire remarquer son équité et son discernement.

CXLV.

Nous choisissons souvent des louanges empoisonnées, qui font voir par contre-coup, en ceux que nous louons, des défauts que nous n'osons découvrir d'une autre sorte.

CXLVI.

On ne loue d'ordinaire que pour être loué.

CXLVII.

Peu de gens sont assez sages pour préférer le blâme qui leur est utile, à la louange qui les trahit.

CXLVIII.

Il y a des reproches qui louent, et des louanges qui médisent.

CXLIX.

Le refus des louanges est un désir d'être loué deux fois (1).

CL.

Le désir de mériter les louanges qu'on nous donne, fortifie notre vertu; et celles que l'on donne à l'esprit, à la valeur et à la beauté, contribuent à les augmenter (2).

CLI.

Il est plus difficile de s'empêcher d'être gouverné, que de gouverner les autres.

CLII.

Si nous ne nous flattions pas nous-

---

(1) La modestie qui semble refuser les louanges, n'est en effet qu'un désir d'en avoir de plus délicates. (1665—n° 147.)

(2) L'approbation que l'on donne à l'esprit, à la beauté et à la valeur, les augmente, les perfectionne, et leur fait faire de plus grands effets qu'ils n'auraient été capables de faire d'eux-mêmes. (1665—n° 156.)

mêmes, la flatterie des autres ne nous pourrait nuire.

CLIII.

La nature fait le mérite, et la fortune le met en œuvre.

CLIV.

La fortune nous corrige de plusieurs défauts que la raison ne saurait corriger.

CLV.

Il y a des gens dégoûtants avec du mérite, et d'autres qui plaisent avec des défauts (1).

CLVI.

Il y a des gens dont tout le mérite consiste à dire et à faire des sottises utilement, et qui gâteraient tout s'ils changeaient de conduite.

---

(1) Comme il y a de bonnes viandes qui affadissent le cœur, il y a un mérite fade, et des personnes qui dégoûtent avec des qualités bonnes et estimables. (1665—n° 162.)

CLVII.

La gloire des grands hommes se doit toujours mesurer aux moyens dont ils se sont servis pour l'acquérir.

CLVIII.

La flatterie est une fausse monnaie qui n'a de cours que par notre vanité.

CLIX.

Ce n'est pas assez d'avoir de grandes qualités, il en faut avoir l'économie.

CLX.

Quelque éclatante que soit une action, elle ne doit pas passer pour grande, lorsqu'elle n'est pas l'effet d'un grand dessein (1).

CLXI.

Il doit y avoir une certaine proportion entre les actions et les desseins, si on en

---

(1) On se mécompte toujours dans le jugement que l'on fait de nos actions, quand elles sont plus grandes que nos desseins. (1665—n° 167.)

veut tirer tous les effets qu'elles peuvent produire.

CLXII.

L'art de savoir bien mettre en œuvre de médiocres qualités, dérobe l'estime, et donne souvent plus de réputation que le véritable mérite.

CLXIII.

Il y a une infinité de conduites qui paraissent ridicules, et dont les raisons cachées sont très-sages et très-solides (1).

CLXIV.

Il est plus facile de paraître digne des emplois qu'on n'a pas, que de ceux que l'on exerce.

CLXV.

Notre mérite nous attire l'estime des

---

(1) Il y a une infinité de conduites qui ont un ridicule apparent, et qui sont, dans leurs raisons cachées, très-sages et très-solides. (1665 — n° 170.)

honnêtes gens, et notre étoile celle du public.

CLXVI.

Le monde récompense plus souvent les apparences du mérite, que le mérite même.

CLXVII.

L'avarice est plus opposée à l'économie, que la libéralité.

CLXVIII.

L'espérance, toute trompeuse qu'elle est, sert au moins à nous mener à la fin de la vie par un chemin agréable.

CLXIX.

Pendant que la paresse et la timidité nous retiennent dans notre devoir, notre vertu en a souvent tout l'honneur (1).

CLXX.

Il est difficile de juger si un procédé

---

(1) Pendant que la paresse et la timidité ont seules le mérite de nous tenir dans notre devoir, notre vertu en a tout l'honneur. (1665—n° 177.)

net, sincère et honnête, est un effet de probité ou d'habileté (1).

CLXXI.

Les vertus se perdent dans l'intérêt, comme les fleuves se perdent dans la mer.

CLXXII.

Si on examine bien les divers effets de l'ennui, on trouvera qu'il fait manquer à plus de devoirs que l'intérêt.

CLXXIII.

Il y a diverses sortes de curiosité : l'une d'intérêt, qui nous porte à désirer d'apprendre ce qui nous peut être utile ; et l'autre d'orgueil, qui vient du désir de savoir ce que les autres ignorent (2).

---

(1) Il n'y a personne qui sache si un procédé net, sincère et honnête est plutôt un effet de probité que d'habileté. (1665—n° 178.)

(2) La curiosité n'est pas, comme l'on croit, un simple amour de la nouveauté : il y en a une d'intérêt, qui fait que nous voulons savoir les

CLXXIV.

Il vaut mieux employer notre esprit à supporter les infortunes qui nous arrivent, qu'à prévoir celles qui nous peuvent arriver.

CLXXV.

La constance en amour est une inconstance perpétuelle, qui fait que notre cœur s'attache successivement à toutes les qualités de la personne que nous aimons, donnant tantôt la préférence à l'une, tantôt à l'autre; de sorte que cette constance n'est qu'une inconstance arrêtée et renfermée dans un même sujet.

CLXXVI.

Il y a deux sortes de constance en amour: l'une vient de ce que l'on trouve sans cesse,

---

choses pour nous en prévaloir; il y en a une autre d'orgueil, qui nous donne envie d'être au-dessus de ceux qui ignorent les choses, et de n'être pas au-dessous de ceux qui les savent. (1665 — n° 182.)

dans la personne que l'on aime, de nouveaux sujets d'aimer; et l'autre vient de ce que l'on se fait un honneur d'être constant.

CLXXVII.

La persévérance n'est digne ni de blâme ni de louange, parce qu'elle n'est que la durée des goûts et des sentiments, qu'on ne s'ôte et qu'on ne se donne point.

CLXXVIII.

Ce qui nous fait aimer les nouvelles connaissances, n'est pas tant la lassitude que nous avons des vieilles, ou le plaisir de changer, que le dégoût de n'être pas assez admirés de ceux qui nous connaissent trop, et l'espérance de l'être davantage de ceux qui ne nous connaissent pas tant.

CLXXIX.

Nous nous plaignons quelquefois légèrement de nos amis, pour justifier par avance notre légèreté.

CLXXX.

Notre repentir n'est pas tant un regret

du mal que nous avons fait, qu'une crainte de celui qui nous en peut arriver.

CLXXXI.

Il y a une inconstance qui vient de la légèreté de l'esprit, ou de sa faiblesse, qui lui fait recevoir toutes les opinions d'autrui; et il y en a une autre, qui est plus excusable, qui vient du dégoût des choses.

CLXXXII.

Les vices entrent dans la composition des vertus, comme les poisons entrent dans la composition des remèdes. La prudence les assemble et les tempère, et elle s'en sert utilement contre les maux de la vie.

CLXXXIII.

Il faut demeurer d'accord, à l'honneur de la vertu, que les plus grands malheurs des hommes sont ceux où ils tombent par les crimes.

CLXXXIV.

Nous avouons nos défauts pour réparer

par notre sincérité le tort qu'ils nous font dans l'esprit des autres (1).

CLXXXV.

Il y a des héros en mal comme en bien.

CLXXXVI.

On ne méprise pas tous ceux qui ont des vices; mais on méprise tous ceux qui n'ont aucune vertu (2).

CLXXXVII.

Le nom de la vertu sert à l'intérêt aussi utilement que les vices.

---

(1) Nous avouons nos défauts, afin qu'en donnant bonne opinion de la justice de notre esprit, nous réparions le tort qu'ils nous ont fait dans l'esprit des autres. (1665 — n° 193.) — Nous n'avouons jamais nos défauts que par vanité. (1665 — n° 200.)

(2) On peut haïr et mépriser les vices, sans haïr ni mépriser les vicieux; mais on a toujours du mépris pour ceux qui manquent de vertu (1665 — n° 195).

CLXXXVIII.

La santé de l'ame n'est pas plus assurée que celle du corps; et quoique l'on paraisse éloigné des passions, on n'est pas moins en danger de s'y laisser emporter, que de tomber malade quand on se porte bien.

CLXXXIX.

Il semble que la nature ait prescrit à chaque homme, dès sa naissance, des bornes pour les vertus et pour les vices.

CXC.

Il n'appartient qu'aux grands hommes d'avoir de grands défauts.

CXCI.

On peut dire que les vices nous attendent dans le cours de la vie, comme des hôtes chez qui il faut successivement loger; et je doute que l'expérience nous les fît éviter, s'il nous était permis de faire deux fois le même chemin.

CXCII.

Quand les vices nous quittent, nous

nous flattons de la créance que c'est nous qui les quittons.

CXCIII.

Il y a des rechutes dans les maladies de l'ame comme dans celles du corps. Ce que nous prenons pour notre guérison, n'est le plus souvent qu'un relâche ou un changement de mal.

CXCIV.

Les défauts de l'ame sont comme les blessures du corps; quelque soin qu'on prenne de les guérir, la cicatrice paraît toujours, et elles sont à tout moment en danger de se rouvrir.

CXCV.

Ce qui nous empêche souvent de nous abandonner à un seul vice, est que nous en avons plusieurs.

CXCVI.

Nous oublions aisément nos fautes, lorsqu'elles ne sont sues que de nous (1).

---

(1) Quand il n'y a que nous qui savons nos crimes, ils sont bientôt oubliés. (1665—n° 207.)

CXCVII.

Il y a des gens de qui l'on ne peut jamais croire du mal sans l'avoir vu; mais il n'y en a point en qui il nous doive surprendre en le voyant.

CXCVIII.

Nous élevons la gloire des uns pour abaisser celle des autres : et quelquefois on louerait moins monsieur le Prince et monsieur de Turenne, si on ne les voulait point blâmer tous deux (1).

CXCIX.

Le désir de paraître habile empêche souvent de le devenir.

CC.

La vertu n'irait pas si loin, si la vanité ne lui tenait compagnie.

---

(1) Dans la première édition (1665—n° 149), cette réflexion et la 145ᵉ n'en faisaient qu'une seule, et étaient comprises sous le même n°. Dès la 2ᵉ édition (1666), La Rochefoucauld les sépara, et les plaça dans l'ordre où elles sont aujourd'hui.

CCI.

Celui qui croit pouvoir trouver en soi-même de quoi se passer de tout le monde, se trompe fort; mais celui qui croit qu'on ne peut se passer de lui, se trompe encore davantage.

CCII.

Les faux honnêtes gens sont ceux qui déguisent leurs défauts aux autres et à eux-mêmes; les vrais honnêtes gens sont ceux qui les connaissent parfaitement et les confessent.

CCIII.

Le vrai honnête homme est celui qui ne se pique de rien.

CCIV.

La sévérité des femmes est un ajustement et un fard qu'elles ajoutent à leur beauté (1).

---

(1) Dans la première édition, la pensée se terminait ainsi: « c'est un attrait fin et délicat, et une douceur déguisée. » (1665—n° 216.)

CCV.

L'honnêteté des femmes est souvent l'amour de leur réputation et de leur repos.

CCVI.

C'est être véritablement honnête homme, que de vouloir être toujours exposé à la vue des honnêtes gens.

CCVII.

La folie nous suit dans tous les temps de la vie. Si quelqu'un paraît sage, c'est seulement parce que ses folies sont proportionnées à son âge et à sa fortune.

CCVIII.

Il y a des gens niais qui se connaissent et qui emploient habilement leur niaiserie.

CCIX.

Qui vit sans folie, n'est pas si sage qu'il croit.

CCX.

En vieillissant, on devient plus fou et plus sage.

CCXI.

Il y a des gens qui ressemblent aux vaudevilles, qu'on ne chante qu'un certain temps (1).

CCXII.

La plupart des gens ne jugent des hommes que par la vogue qu'ils ont, ou par leur fortune.

CCXIII.

L'amour de la gloire, la crainte de la honte, le dessein de faire fortune, le désir de rendre notre vie commode et agréable, et l'envie d'abaisser les autres, sont souvent les causes de cette valeur, si célèbre parmi les hommes.

CCXIV.

La valeur est dans les simples soldats un métier périlleux qu'ils ont pris pour gagner leur vie.

---

(1) Il y a des gens qui ressemblent aux vaudevilles, que tout le monde chante un certain temps, quelque fades et dégoûtants qu'ils soient. (1665—n° 223.)

CCXV.

La parfaite valeur et la poltronnerie complète sont deux extrémités où l'on arrive rarement. L'espace qui est entre deux est vaste, et contient toutes les autres espèces de courage. Il n'y a pas moins de différence entre elles qu'entre les visages et les humeurs. Il y a des hommes qui s'exposent volontiers au commencement d'une action, et qui se relâchent et se rebutent aisément par sa durée. Il y en a qui sont contents quand ils ont satisfait à l'honneur du monde, et qui font fort peu de chose au-delà. On en voit qui ne sont pas toujours également maîtres de leur peur. D'autres se laissent quelquefois entraîner à des terreurs générales; d'autres vont à la charge parce qu'ils n'osent demeurer dans leurs postes. Il s'en trouve à qui l'habitude des moindres périls affermit le courage, et les prépare à s'exposer à de plus grands. Il y en a qui sont braves à coups d'épée, et qui craignent les coups de mousquet; d'autres sont assurés aux coups de mousquet, et appréhendent de se battre à coups d'épée. Tous ces courages de différentes espèces conviennent en ce que la nuit augmentant la crainte et cachant les bonnes et les mauvaises actions, elle donne la liberté de se ménager. Il y a encore un autre ménagement plus général : car on ne voit point d'homme qui fasse tout ce qu'il serait capable de faire dans une occasion, s'il était assuré d'en revenir; de sorte qu'il est visible que la crainte de la mort ôte quelque chose de la valeur.

CCXVI.

La parfaite valeur est de faire sans témoins ce qu'on serait capable de faire devant tout le monde (1).

CCXVII.

L'intrépidité est une force extraordinaire de l'ame, qui l'élève au-dessus des

---

(1) La pure valeur (s'il y en avait) serait de faire sans témoins, etc. (1665—n° 229.)

troubles, des désordres et des émotions que la vue des grands périls pourrait exciter en elle ; et c'est par cette force que les héros se maintiennent en un état paisible, et conservent l'usage libre de leur raison dans les accidents les plus surprenants et les plus terribles.

CCXVIII.

L'hypocrisie est un hommage que le vice rend à la vertu.

CCXIX.

La plupart des hommes s'exposent assez dans la guerre pour sauver leur honneur ; mais peu se veulent toujours exposer autant qu'il est nécessaire pour faire réussir le dessein pour lequel ils s'exposent.

CCXX.

La vanité, la honte, et surtout le tempérament, font souvent la valeur des hommes et la vertu des femmes (1).

---

(1) Dans la première édition, La Rochefoucauld

CCXXI.

On ne veut point perdre la vie, et on veut acquérir de la gloire: ce qui fait que les braves ont plus d'adresse et d'esprit pour éviter la mort, que les gens de chicane n'en ont pour conserver leur bien.

CCXXII.

Il n'y a guère de personnes qui, dans le premier penchant de l'âge, ne fassent connaître par où leur corps et leur esprit doivent défaillir.

CCXXIII.

Il est de la reconnaissance comme de la bonne foi des marchands; elle entretient le commerce; et nous ne payons pas parce qu'il est juste de nous acquitter, mais pour trouver plus facilement des gens qui nous prêtent.

CCXXIV.

Tous ceux qui s'acquittent des devoirs

---

n'avait pas étendu ce raisonnement à la vertu des femmes.

de la reconnaissance, ne peuvent pas pour cela se flatter d'être reconnaissants.

CCXXV.

Ce qui fait le mécompte dans la reconnaissance qu'on attend des graces que l'on a faites, c'est que l'orgueil de celui qui donne, et l'orgueil de celui qui reçoit, ne peuvent convenir du prix du bienfait.

CCXXVI.

Le trop grand empressement qu'on a de s'acquitter d'une obligation, est une espèce d'ingratitude.

CCXXVII.

Les gens heureux ne se corrigent guère; ils croient toujours avoir raison, quand la fortune soutient leur mauvaise conduite.

CCXXVIII.

L'orgueil ne veut pas devoir, et l'amour-propre ne veut pas payer.

CCXXIX.

Le bien que nous avons reçu de quelqu'un veut que nous respections le mal qu'il nous fait (1).

CCXXX.

Rien n'est si contagieux que l'exemple, et nous ne faisons jamais de grands biens ni de grands maux qui n'en produisent de semblables. Nous imitons les bonnes actions par émulation, et les mauvaises par la malignité de notre nature, que la honte retenait prisonnière, et que l'exemple met en liberté.

CCXXXI.

C'est une grande folie de vouloir être sage tout seul.

CCXXXII.

Quelque prétexte que nous donnions à nos afflictions, ce n'est souvent que l'intérêt et la vanité qui les causent.

---

(1) Le bien qu'on nous a fait veut que nous respections le mal que l'on nous fait après. (1665—n° 243.) — Le bien que nous avons reçu veut que nous respections le mal qu'on nous fait. (1666—1671—1675—n° 229.)

CCXXXIII.

Il y a dans les afflictions diverses sortes d'hypocrisie. Dans l'une, sous prétexte de pleurer la perte d'une personne qui nous est chère, nous nous pleurons nous-mêmes; nous regrettons la bonne opinion qu'elle avait de nous; nous pleurons la diminution de notre bien, de notre plaisir, de notre considération. Ainsi les morts ont l'honneur des larmes qui ne coulent que pour les vivants. Je dis que c'est une espèce d'hypocrisie, à cause que, dans ces sortes d'afflictions, on se trompe soi-même. Il y a une autre hypocrisie qui n'est pas si innocente, parce qu'elle impose à tout le monde : c'est l'affliction de certaines personnes qui aspirent à la gloire d'une belle et immortelle douleur. Après que le temps, qui consume tout, a fait cesser celle qu'elles avaient en effet, elles ne laissent pas d'opiniâtrer leurs pleurs, leurs plaintes et leurs soupirs; elles prennent un personnage lugubre, et travaillent à persuader, par toutes leurs actions, que leur déplaisir ne finira qu'avec leur vie. Cette triste et fatigante vanité se trouve d'ordinaire dans les femmes ambitieuses. Comme leur sexe leur ferme tous les chemins qui mènent à la gloire, elles s'efforcent de se rendre célèbres par la montre d'une inconsolable affliction. Il y a encore une autre espèce de larmes qui n'ont que de petites sources qui coulent et se tarissent facilement. On pleure pour avoir la réputation d'être tendre; on pleure pour être plaint; on pleure pour être pleuré; enfin on pleure pour éviter la honte de ne pleurer pas.

CCXXXIV.

C'est plus souvent par orgueil que par défaut de lumières, qu'on s'oppose avec tant d'opiniâtreté aux opinions les plus suivies : on trouve les premières places prises dans le bon parti, et on ne veut point des dernières.

CCXXXV.

Nous nous consolons aisément des disgraces de nos amis, lorsqu'elles servent à signaler notre tendresse pour eux.

CCXXXVI.

Il semble que l'amour-propre soit la dupe de la bonté, et qu'il s'oublie lui-même lorsque nous travaillons pour l'avantage des autres. Cependant c'est prendre le chemin le plus assuré pour arriver à ses fins ; c'est prêter à usure, sous prétexte de donner : c'est enfin s'acquérir tout le monde par un moyen subtil et délicat (1).

---

(1) Qui considérera superficiellement tous les effets de la bonté qui nous fait sortir hors de nous-mêmes, et qui nous immole continuellement à l'avantage de tout le monde, sera tenté de croire que, lorsqu'elle agit, l'amour-propre s'oublie et s'abandonne lui-même, ou se laisse dépouiller et appauvrir sans s'en apercevoir. De sorte qu'il semble que l'amour-propre soit la dupe de la bonté : cependant c'est le plus utile de tous les moyens dont l'amour-propre se sert pour arriver à ses fins ; c'est un chemin dérobé par où il revient à lui-même plus riche et plus abondant, c'est un désintéressement qu'il met à une furieuse usure,

CCXXXVII.

Nul ne mérite d'être loué de sa bonté, s'il n'a pas la force d'être méchant. Toute autre bonté n'est le plus souvent qu'une paresse ou une impuissance de la volonté.

CCXXXVIII.

Il n'est pas si dangereux de faire du mal à la plupart des hommes, que de leur faire trop de bien.

CCXXXIX.

Rien ne flatte plus notre orgueil que la confiance des grands, parce que nous la regardons comme un effet de notre mérite, sans considérer qu'elle ne vient le plus souvent que de vanité ou d'impuissance de garder le secret (1).

---

c'est enfin un ressort délicat avec lequel il réunit, il dispose et tourne tous les hommes en sa faveur. (1665—n° 250.)

(1) Rien ne nous plaît tant que la confiance des grands et des personnes considérables par leurs

CCXL.

On peut dire de l'agrément séparé de la beauté, que c'est une symétrie dont on ne sait point les règles, et un rapport secret des traits ensemble et des traits avec les couleurs et avec l'air de la personne.

CCXLI.

La coquetterie est le fond de l'humeur des femmes; mais toutes ne la mettent pas en pratique, parce que la coquetterie de

---

emplois, par leur esprit, ou par leur mérite; elle nous fait sentir un plaisir exquis, et élève merveilleusement notre orgueil, parce que nous la regardons comme un effet de notre fidélité; cependant nous serions remplis de confusion, si nous considérions l'imperfection et la bassesse de sa naissance, car elle vient de la vanité, de l'envie de parler, et de l'impuissance de retenir le secret; de sorte qu'on peut dire que la confiance est comme un relâchement de l'ame causé par le nombre et par le poids des choses dont elle est pleine. (1665—n° 255.)

quelques-unes est retenue par la crainte ou par la raison (1).

CCXLII.

On incommode souvent les autres, quand on croit ne les pouvoir jamais incommoder.

CCLXIII.

Il y a peu de choses impossibles d'elles-mêmes ; et l'application pour les faire réussir nous manque plus que les moyens.

CCXLIV.

La souveraine habileté consiste à bien connaître le prix des choses.

CCXLV.

C'est une grande habileté que de savoir cacher son habileté (2).

---

(1) La coquetterie est le fond et l'humeur de toutes les femmes; mais toutes ne la mettent pas en pratique, parce que la coquetterie de quelques-unes est retenue par leur tempérament et par leur raison. (1665—n° 263.)

(2) Le plus grand art d'un habile homme est

CCXLVI.

Ce qui paraît générosité n'est souvent qu'une ambition déguisée qui méprise de petits intérêts, pour aller à de plus grands (1).

CCXLVII.

La fidélité qui paraît en la plupart des hommes, n'est qu'une invention de l'amour-propre, pour attirer la confiance ; c'est un moyen de nous élever au-dessus des autres, et de nous rendre dépositaires des choses les plus importantes (2).

CCXLVIII.

La magnanimité méprise tout pour avoir tout.

---

celui de savoir cacher son habileté. (1665 — n° 267.)

(1) La générosité est un industrieux emploi du désintéressement, pour aller plus tôt à un plus grand intérêt. (1665—n° 268.)

(2) La fidélité est une invention rare de l'amour-

CCXLIX.

Il n'y a pas moins d'éloquence dans le ton de la voix, dans les yeux et dans l'air de la personne, que dans le choix des paroles (1).

CCL.

La véritable éloquence consiste à dire

---

propre, par laquelle l'homme s'érigeant en dépositaire des choses précieuses, se rend lui-même infiniment précieux; de tous les trafics de l'amour-propre, c'est celui où il fait le moins d'avances et de plus grands profits; c'est un raffinement de sa politique avec lequel il engage les hommes, par leurs biens, par leur honneur, par leur liberté et par leur vie, qu'ils sont forcés de confier en quelques occasions, à élever l'homme fidèle au-dessus de tout le monde. (1665—n° 269.)

(1) Il n'y a pas moins d'éloquence dans le ton de la voix que dans le choix des paroles. (1665 —n° 272.) — Il y a une éloquence dans les yeux et dans l'air de la personne, qui ne persuade pas moins que celle de la parole. (*Id.* n° 274.)

tout ce qu'il faut, et à ne dire que ce qu'il faut.

CCLI.

Il y a des personnes à qui les défauts siéent bien, et d'autres qui sont disgraciées avec leurs bonnes qualités.

CCLII.

Il est aussi ordinaire de voir changer les goûts, qu'il est extraordinaire de voir changer les inclinations.

CCLIII.

L'intérêt met en œuvre toutes sortes de vertus et de vices (1).

CCLIV.

L'humilité n'est souvent qu'une feinte soumission dont on se sert pour soumettre les autres. C'est un artifice de l'orgueil qui s'abaisse pour s'élever; et bien qu'il se transforme en mille manières, il n'est ja-

___

(1) L'intérêt donne toutes sortes de vertus et de vices. (1665—n° 276.)

mais mieux déguisé et plus capable de tromper, que lorsqu'il se cache sous la figure de l'humilité (1).

CCLV.

Tous les sentiments ont chacun un ton de voix, des gestes et des mines qui leur

---

(1) L'humilité n'est souvent qu'une feinte soumission que nous employons pour soumettre effectivement tout le monde ; c'est un mouvement de l'orgueil par lequel il s'abaisse devant les hommes pour s'élever sur eux, c'est un déguisement, et son premier stratagème ; mais quoique ses changements soient presque infinis, et qu'il soit admirable sous toutes sortes de figures, il faut avouer néanmoins qu'il n'est jamais si rare ni si extraordinaire que lorsqu'il se cache sous la forme et sous l'habit de l'humilité, car alors on le voit les yeux baissés, dans une contenance modeste et reposée ; toutes ses paroles sont douces et respectueuses, pleines d'estime pour les autres, et de dédain pour lui-même. Si on l'en veut croire, il est indigne de tous les honneurs, il n'est capable d'aucun emploi, il ne reçoit les charges où on l'élève que comme un effet de la bonté des hommes.

sont propres; et ce rapport, bon ou mauvais, agréable ou désagréable, est ce qui fait que les personnes plaisent ou déplaisent (1).

CCLVI.

Dans toutes les professions, chacun affecte une mine et un extérieur pour paraître ce qu'il veut qu'on le croie. Ainsi on peut dire que le monde n'est composé que de mines (2).

---

et de la faveur aveugle de la fortune. C'est l'orgueil qui joue tous les personnages que l'on prend pour l'humilité. (1665 — n° 277.)

(1) Tous les sentiments ont chacun un ton de voix, un geste et des mines qui leur sont propres; ce rapport, bon ou mauvais, fait les bons ou les mauvais comédiens, et c'est ce qui fait aussi que les personnes plaisent ou déplaisent. (1665 — n° 278.)

(2) Dans toutes les professions et dans tous les arts, chacun se fait une mine et un extérieur qu'il met en la place de la chose dont il veut avoir le mérite; de sorte que tout le monde n'est composé que de mines, et c'est inutilement que nous travaillons à y trouver rien de réel.

CCLVII.

La gravité est un mystère du corps, inventé pour cacher les défauts de l'esprit.

CCLVIII.

Le bon goût vient plus du jugement que de l'esprit.

CCLIX.

Le plaisir de l'amour est d'aimer, et l'on est plus heureux par la passion que l'on a, que par celle que l'on donne.

CCLX.

La civilité est un désir d'en recevoir, et d'être estimé poli.

CCLXI.

L'éducation que l'on donne d'ordinaire aux jeunes gens est un second amour-propre qu'on leur inspire.

CCLXII.

Il n'y a point de passion où l'amour de soi-même règne si puissamment que dans l'amour; et on est toujours plus disposé à sacrifier le repos de ce qu'on aime, qu'à perdre le sien.

CCLXIII.

Ce qu'on nomme libéralité n'est le plus souvent que la vanité de donner, que nous aimons mieux que ce que nous donnons (1).

CCLXIV.

La pitié est souvent un sentiment de nos propres maux dans les maux d'autrui. C'est une habile prévoyance des malheurs où nous pouvons tomber. Nous donnons du secours aux autres pour les engager à nous en donner en de semblables occasions; et ces services que nous leur rendons, sont, à proprement parler, des biens que nous nous faisons à nous-mêmes par avance.

CCLXV.

La petitesse de l'esprit fait l'opiniâtreté,

---

(1) Il n'y a point de libéralité; ce n'est que la vanité de donner que nous aimons mieux que ce que nous donnons. (1665–n° 286.)

et nous ne croyons pas aisément ce qui est au-delà de ce que nous voyons (1).

CCLXVI.

C'est se tromper que de croire qu'il n'y ait que les violentes passions, comme l'ambition et l'amour, qui puissent triompher des autres. La paresse, toute languissante qu'elle est, ne laisse pas d'en être souvent la maîtresse; elle usurpe sur tous les desseins et sur toutes les actions de la vie; elle y détruit et y consume insensiblement les passions et les vertus.

CCLXVII.

La promptitude à croire le mal sans l'avoir assez examiné, est un effet de l'orgueil et de la paresse. On veut trouver des coupables, et on ne veut pas se donner la peine d'examiner les crimes.

---

(1) La seconde partie de cette réflexion se trouve répétée deux fois dans la première édition. (nos 257, 288.)

CCLXVIII.

Nous récusons des juges pour les plus petits intérêts, et nous voulons bien que notre réputation et notre gloire dépendent du jugement des hommes, qui nous sont tous contraires, ou par leur jalousie, ou par leur préoccupation, ou par leur peu de lumières, et ce n'est que pour les faire prononcer en notre faveur, que nous exposons en tant de manières notre repos et notre vie (1).

---

(1) Nous récusons tous les jours des juges pour les plus petits intérêts, et nous faisons dépendre notre gloire et notre réputation, qui sont les plus grands biens du monde, du jugement des hommes qui nous sont tous contraires, ou par leur jalousie, ou par leur malignité, ou par leur préoccupation, ou par leur sottise ; et c'est pour obtenir d'eux un arrêt en notre faveur, que nous exposons notre repos et notre vie en cent manières, et que nous la condamnons à une infinité de soucis, de peines et de travaux. (1665—n° 292.)

CCLXIX.

Il n'y a guère d'homme assez habile pour connaître tout le mal qu'il fait.

CCLXX.

L'honneur acquis est caution de celui qu'on doit acquérir.

CCLXXI.

La jeunesse est une ivresse continuelle; c'est la fièvre de la raison (1).

CCLXXII.

Rien ne devrait plus humilier les hommes qui ont mérité de grandes louanges, que le soin qu'ils prennent encore de se faire valoir par de petites choses.

CCLXXIII.

Il y a des gens qu'on approuve dans le monde, qui n'ont pour tout mérite que les vices qui servent au commerce de la vie.

---

(1) La jeunesse est une ivresse continuelle : c'est la fièvre de la santé, c'est la folie de la raison. (1665—n° 295.)

CCLXXIV.

La grace de la nouveauté est à l'amour ce que la fleur est sur les fruits ; elle y donne un lustre qui s'efface aisément, et qui ne revient jamais.

CCLXXV.

Le bon naturel, qui se vante d'être si sensible, est souvent étouffé par le moindre intérêt.

CCLXXVI.

L'absence diminue les médiocres passions, et augmente les grandes, comme le vent éteint les bougies et allume le feu.

CCLXXVII.

Les femmes croient souvent aimer, encore qu'elles n'aiment pas. L'occupation d'une intrigue, l'émotion d'esprit que donne la galanterie, la pente naturelle au plaisir d'être aimées, et la peine de refuser, leur persuadent qu'elles ont de la passion lorsqu'elles n'ont que de la coquetterie.

CCLXXVIII.

Ce qui fait que l'on est souvent mécontent de ceux qui négocient, est qu'ils abandonnent presque toujours l'intérêt de leurs amis pour l'intérêt du succès de la négociation, qui devient le leur, par l'honneur d'avoir réussi à ce qu'ils avaient entrepris.

CCLXXIX.

Quand nous exagérons la tendresse que nos amis ont pour nous, c'est souvent moins par reconnaissance que par le désir de faire juger de notre mérite.

CCLXXX.

L'approbation que l'on donne à ceux qui entrent dans le monde, vient souvent de l'envie secrète que l'on porte à ceux qui y sont établis.

CCLXXXI.

L'orgueil qui nous inspire tant d'envie nous sert souvent aussi à la modérer.

CCLXXXII.

Il y a des faussetés déguisées qui représentent si bien la vérité, que ce serait mal juger que de ne s'y pas laisser tromper.

CCLXXXIII.

Il n'y a pas quelquefois moins d'habileté à savoir profiter d'un bon conseil, qu'à se bien conseiller soi-même.

CCLXXXIV.

Il y a des méchants qui seraient moins dangereux, s'ils n'avaient aucune bonté.

CCLXXXV.

La magnanimité est assez définie par son nom; néanmoins on pourrait dire que c'est le bon sens de l'orgueil, et la voie la plus noble pour recevoir des louanges.

CCLXXXVI.

Il est impossible d'aimer une seconde fois ce qu'on a véritablement cessé d'aimer.

CCLXXXVII.

Ce n'est pas tant la fertilité de l'esprit

qui nous fait trouver plusieurs expédients sur une même affaire, que c'est le défaut de lumières qui nous fait arrêter à tout ce qui se présente à notre imagination, et qui nous empêche de discerner d'abord ce qui est le meilleur.

CCLXXXVIII.

Il y a des affaires et des maladies que les remèdes aigrissent en certains temps ; et la grande habileté consiste à connaître quand il est dangereux d'en user (1).

CCLXXXIX.

La simplicité affectée est une imposture délicate.

CCXC.

Il y a plus de défauts dans l'humeur que dans l'esprit.

---

(1) Il est des affaires et des maladies que les remèdes aigrissent ; et on peut dire que la grande habileté consiste à savoir connaitre les temps où il est dangereux d'en faire. (1665—n° 316.)

CCXCI.

Le mérite des hommes a sa saison aussi bien que les fruits.

CCXCII.

On peut dire de l'humeur des hommes comme de la plupart des bâtiments, qu'elle a diverses faces ; les unes agréables, et les autres désagréables.

CCXCIII.

La modération ne peut avoir le mérite de combattre l'ambition et de la soumettre ; elles ne se trouvent jamais ensemble. La modération est la langueur et la paresse de l'ame, comme l'ambition en est l'activité et l'ardeur (1).

---

(1) La modération, dans la plupart des hommes, n'a garde de combattre et de soumettre l'ambition, puisqu'elles ne se peuvent trouver ensemble ; la modération n'étant d'ordinaire qu'une paresse, une langueur, et un manque de courage : de manière qu'on peut justement dire à leur égard, que la modération est une bassesse de l'ame, comme l'ambition en est l'élévation. (1665—n° 17.)

CCXCIV.

Nous aimons toujours ceux qui nous admirent, et nous n'aimons pas toujours ceux que nous admirons.

CCXCV.

Il s'en faut bien que nous connaissions toutes nos volontés (1).

CCXCVI.

Il est difficile d'aimer ceux que nous n'estimons point; mais il ne l'est pas moins d'aimer ceux que nous estimons beaucoup plus que nous.

CCXCVII.

Les humeurs du corps ont un cours ordinaire et réglé, qui meut et qui tourne imperceptiblement notre volonté. Elles roulent ensemble, et exercent successive-

---

(1) Comment peut-on répondre de ce qu'on voudra à l'avenir, puisque l'on ne sait pas précisément ce que l'on veut dans le temps présent ? (1665—n° 74.)

ment un empire secret en nous; de sorte qu'elles ont une part considérable à toutes nos actions, sans que nous le puissions connaître (1).

CCXCVIII.

La reconnaissance de la plupart des hommes n'est qu'une secrète envie de recevoir de plus grands bienfaits.

CCXCIX.

Presque tout le monde prend plaisir à

---

(1) Nous ne nous apercevons que des emportements, et des mouvements extraordinaires de nos humeurs et de notre tempérament, comme de la violence de la colère; mais personne quasi ne s'aperçoit que ces humeurs ont un cours ordinaire et réglé, qui meut et tourne doucement et imperceptiblement notre volonté à des actions différentes; elles roulent ensemble, s'il faut ainsi dire, et exercent successivement un empire secret en nous-mêmes; de sorte qu'elles ont une part considérable en toutes nos actions, sans que nous le puissions reconnaître. (1665—n° 48.)

s'acquitter des petites obligations : beaucoup de gens ont de la reconnaissance pour les médiocres ; mais il n'y a quasi personne qui n'ait de l'ingratitude pour les grandes.

CCC.

Il y a des folies qui se prennent comme les maladies contagieuses.

CCCI.

Assez de gens méprisent le bien ; mais peu savent le donner.

CCCII.

Ce n'est d'ordinaire que dans de petits intérêts où nous prenons le hasard de ne pas croire aux apparences.

CCCIII.

Quelque bien qu'on nous dise de nous, on ne nous apprend rien de nouveau.

CCCIV.

Nous pardonnons souvent à ceux qui nous ennuient ; mais nous ne pouvons pardonner à ceux que nous ennuyons.

CCCV.

L'intérêt, que l'on accuse de tous nos crimes, mérite souvent d'être loué de nos bonnes actions.

CCCVI.

On ne trouve guère d'ingrats, tant qu'on est en état de faire du bien.

CCCVII.

Il est aussi honnête d'être glorieux avec soi-même, qu'il est ridicule de l'être avec les autres.

CCCVIII.

On a fait une vertu de la modération, pour borner l'ambition des grands hommes, et pour consoler les gens médiocres de leur peu de fortune et de leur peu de mérite.

CCCIX.

Il y a des gens destinés à être sots, qui ne font pas seulement des sottises par leur choix, mais que la fortune même contraint d'en faire.

CCCX.

Il arrive quelquefois des accidents dans la vie, d'où il faut être un peu fou pour se bien tirer.

CCCXI.

S'il y a des hommes dont le ridicule n'ait jamais paru, c'est qu'on ne l'a jamais bien cherché.

CCCXII.

Ce qui fait que les amants et les maîtresses ne s'ennuient point d'être ensemble, c'est qu'ils parlent toujours d'eux-mêmes.

CCCXIII.

Pourquoi faut-il que nous ayons assez de mémoire pour retenir jusqu'aux moindres particularités de ce qui nous est arrivé, et que nous n'en ayons pas assez pour nous souvenir combien de fois nous les avons contées à une même personne?

CCCXIV.

L'extrême plaisir que nous prenons à

parler de nous-mêmes, nous doit faire craindre de n'en donner guère à ceux qui nous écoutent.

CCCXV.

Ce qui nous empêche d'ordinaire de faire voir le fond de notre cœur à nos amis, n'est pas tant la défiance que nous avons d'eux, que celle que nous avons de nous-mêmes.

CCCXVI.

Les personnes faibles ne peuvent être sincères.

CCCXVII.

Ce n'est pas un grand malheur d'obliger des ingrats ; mais c'en est un insupportable d'être obligé à un malhonnête homme.

CCCXVIII.

On trouve des moyens pour guérir de la folie, mais on n'en trouve point pour redresser un esprit de travers.

CCCXIX.

On ne saurait conserver long-temps les sentiments qu'on doit avoir pour ses amis et pour ses bienfaiteurs, si on se laisse la liberté de parler souvent de leurs défauts.

CCCXX.

Louer les princes des vertus qu'ils n'ont pas, c'est leur dire impunément des injures.

CCCXXI.

Nous sommes plus près d'aimer ceux qui nous haïssent, que ceux qui nous aiment plus que nous ne voulons.

CCCXXII.

Il n'y a que ceux qui sont méprisables qui craignent d'être méprisés.

CCCXXIII.

Notre sagesse n'est pas moins à la merci de la fortune que nos biens.

CCCXXIV.

Il y a dans la jalousie plus d'amour-propre que d'amour.

CCCXXV.

Nous nous consolons souvent par faiblesse des maux dont la raison n'a pas la force de nous consoler.

CCCXXVI.

Le ridicule déshonore plus que le déshonneur.

CCCXXVII.

Nous n'avouons de petits défauts que pour persuader que nous n'en avons pas de grands.

CCCXXVIII.

L'envie est plus irréconciliable que la haine.

CCCXXIX.

On croit quelquefois haïr la flatterie ; mais on ne hait que la manière de flatter.

CCCXXX.

On pardonne tant que l'on aime.

CCCXXXI.

Il est plus difficile d'être fidèle à sa maîtresse quand on est heureux, que quand on en est maltraité.

CCCXXXII.

Les femmes ne connaissent pas toute leur coquetterie.

CCCXXXIII.

Les femmes n'ont point de sévérité complète sans aversion.

CCCXXXIV.

Les femmes peuvent moins surmonter leur coquetterie que leur passion.

CCCXXXV.

Dans l'amour, la tromperie va presque toujours plus loin que la méfiance.

CCCXXXVI.

Il y a une certaine sorte d'amour dont l'excès empêche la jalousie.

CCCXXXVII.

Il en est de certaines bonnes qualités comme des sens; ceux qui en sont entièrement privés, ne les peuvent apercevoir ni les comprendre.

CCCXXXVIII.

Lorsque notre haine est trop vive, elle nous met au-dessous de ceux que nous haïssons.

CCCXXXIX.

Nous ne ressentons nos biens et nos maux qu'à proportion de notre amour-propre.

CCCXL.

L'esprit de la plupart des femmes sert plus à fortifier leur folie que leur raison.

CCCXLI.

Les passions de la jeunesse ne sont guère plus opposées au salut que la tiédeur des vieilles gens.

CCCXLII.

L'accent du pays où l'on est né demeure dans l'esprit et dans le cœur comme dans le langage.

CCCXLIII.

Pour être un grand homme, il faut savoir profiter de toute sa fortune.

CCCXLIV.

La plupart des hommes ont, comme les

plantes, des propriétés cachées que le hasard fait découvrir (1).

CCCXLV.

Les occasions nous font connaître aux autres, et encore plus à nous-mêmes.

CCCXLVI.

Il ne peut y avoir de règle dans l'esprit ni dans le cœur des femmes, si le tempérament n'en est d'accord.

CCCXLVII.

Nous ne trouvons guère de gens de bon sens que ceux qui sont de notre avis.

CCCXLVIII.

Quand on aime, on doute souvent de ce que l'on croit le plus.

CCCXLIX.

Le plus grand miracle de l'amour, c'est de guérir de la coquetterie.

---

(1) Chaque talent dans les hommes, de même que chaque arbre, a ses propriétés et ses effets qui lui sont tous particuliers. (1665—n° 138.)

CCCL.

Ce qui nous donne tant d'aigreur contre ceux qui nous font des finesses, c'est qu'ils croient être plus habiles que nous.

CCCLI.

On a bien de la peine à rompre quand on ne s'aime plus.

CCCLII.

On s'ennuie presque toujours avec les gens avec qui il n'est pas permis de s'ennuyer.

CCCLIII.

Un honnête homme peut être amoureux comme un fou, mais non pas comme un sot.

CCCLIV.

Il y a de certains défauts qui, bien mis en œuvre, brillent plus que la vertu même.

CCCLV.

On perd quelquefois des personnes qu'on regrette plus qu'on n'en est affligé, et d'autres dont on est affligé, et qu'on ne regrette guère.

CCCLVI.

Nous ne louons d'ordinaire de bon cœur que ceux qui nous admirent.

CCCLVII.

Les petits esprits sont trop blessés des petites choses; les grands esprits les voient toutes, et n'en sont point blessés.

CCCLVIII.

L'humilité est la véritable preuve des vertus chrétiennes : sans elle nous conservons tous nos défauts, et ils sont seulement couverts par l'orgueil qui les cache aux autres et souvent à nous-mêmes.

CCCLIX.

Les infidélités devraient éteindre l'amour, et il ne faudrait point être jaloux quand on a sujet de l'être. Il n'y a que les personnes qui évitent de donner de la jalousie, qui soient dignes qu'on en ait pour elles.

CCCLX.

On se décrie beaucoup plus auprès de nous par les moindres infidélités qu'on nous fait, que par les plus grandes qu'on fait aux autres.

CCCLXI.

La jalousie naît toujours avec l'amour; mais elle ne meurt pas toujours avec lui.

CCCLXII.

La plupart des femmes ne pleurent pas tant la mort de leurs amants pour les avoir aimés, que pour paraître plus dignes d'être aimées.

CCCLXIII.

Les violences qu'on nous fait nous font souvent moins de peine que celles que nous nous faisons à nous-mêmes.

CCCLXIV.

On sait assez qu'il ne faut guère parler de sa femme; mais on ne sait pas assez qu'on devrait encore moins parler de soi.

CCCLXV.

Il y a de bonnes qualités qui dégénèrent en défauts, quand elles sont naturelles, et d'autres qui ne sont jamais parfaites, quand elles sont acquises. Il faut, par exemple, que la raison nous fasse ménagers de notre bien et de notre confiance; et il faut au contraire que la nature nous donne la bonté et la valeur.

CCCLXVI.

Quelque défiance que nous ayons de la sincérité de ceux qui nous parlent, nous croyons toujours qu'ils nous disent plus vrai qu'aux autres.

CCCLXVII.

Il y a peu d'honnêtes femmes qui ne soient lasses de leur métier.

CCCLXVIII.

La plupart des honnêtes femmes sont des trésors cachés, qui ne sont en sûreté que parce qu'on ne les cherche pas.

CCCLXIX.

Les violences qu'on se fait pour s'empêcher d'aimer, sont souvent plus cruelles que les rigueurs de ce qu'on aime.

CCCLXX.

Il n'y a guère de poltrons qui connaissent toujours toute leur peur.

CCCLXXI.

C'est presque toujours la faute de celui qui aime, de ne pas connaître quand on cesse de l'aimer.

CCCLXXII.

La plupart des jeunes gens croient être naturels, lorsqu'ils ne sont que mal polis et grossiers.

CCCLXXIII.

Il y a de certaines larmes qui nous trompent souvent nous-mêmes, après avoir trompé les autres.

CCCLXXIV.

Si on croit aimer sa maîtresse pour l'amour d'elle, on est bien trompé.

CCCLXXV.

Les esprits médiocres condamnent d'ordinaire tout ce qui passe leur portée.

CCCLXXVI.

L'envie est détruite par la véritable amitié, et la coquetterie par le véritable amour.

CCCLXXVII.

Le plus grand défaut de la pénétration n'est pas de n'aller point jusqu'au but, c'est de le passer.

CCCLXXVIII.

On donne des conseils, mais on n'inspire point de conduite.

CCCLXXIX.

Quand notre mérite baisse, notre goût baisse aussi.

CCCLXXX.

La fortune fait paraître nos vertus et nos vices, comme la lumière fait paraître les objets.

CCCLXXXI.

La violence qu'on se fait pour demeurer fidèle à ce qu'on aime, ne vaut guère mieux qu'une infidélité.

CCCLXXXII.

Nos actions sont comme les bouts-rimés, que chacun fait rapporter à ce qu'il lui plaît.

CCCLXXXIII.

L'envie de parler de nous, et de faire voir nos défauts du côté que nous voulons bien les montrer, fait une grande partie de notre sincérité.

CCCLXXXIV.

On ne devrait s'étonner que de pouvoir encore s'étonner.

CCCLXXXV.

On est presque également difficile à contenter quand on a beaucoup d'amour, et quand on n'en a plus guère.

CCCLXXXVI.

Il n'y a point de gens qui aient plus souvent tort, que ceux qui ne peuvent souffrir d'en avoir.

CCCLXXXVII.

Un sot n'a pas assez d'étoffe pour être bon.

CCCLXXXVIII.

Si la vanité ne renverse pas entièrement les vertus, du moins elle les ébranle toutes.

CCCLXXXIX.

Ce qui nous rend la vanité des autres insupportable, c'est qu'elle blesse la nôtre.

CCCXC.

On renonce plus aisément à son intérêt qu'à son goût.

CCCXCI.

La fortune ne paraît jamais si aveugle qu'à ceux à qui elle ne fait pas de bien.

CCCXCII.

Il faut gouverner la fortune comme la santé ; en jouir quand elle est bonne, prendre patience quand elle est mauvaise, et ne faire jamais de grands remèdes sans un extrême besoin.

CCCXCIII.

L'air bourgeois se perd quelquefois à l'armée ; mais il ne se perd jamais à la cour.

CCCXCIV.

On peut être plus fin qu'un autre, mais non pas plus fin que tous les autres.

CCCXCV.

On est quelquefois moins malheureux d'être trompé de ce qu'on aime, que d'en être détrompé.

CCCXCVI.

On garde long-temps son premier amant, quand on n'en prend point de second.

CCCXCVII.

Nous n'avons pas le courage de dire en général que nous n'avons point de défauts, et que nos ennemis n'ont point de bonnes qualités; mais en détail nous ne sommes pas trop éloignés de le croire.

CCCXCVIII.

De tous nos défauts, celui dont nous demeurons le plus aisément d'accord, c'est de la paresse : nous nous persuadons qu'elle tient à toutes les vertus paisibles, et que, sans détruire entièrement les autres, elle en suspend seulement les fonctions.

CCCXCIX.

Il y a une élévation qui ne dépend point

de la fortune : c'est un certain air qui nous distingue, et qui semble nous destiner aux grandes choses ; c'est un prix que nous nous donnons imperceptiblement à nous-mêmes ; c'est par cette qualité que nous usurpons les déférences des autres hommes, et c'est elle d'ordinaire qui nous met plus au-dessus d'eux que la naissance, les dignités et le mérite même.

CCCC.

Il y a du mérite sans élévation, mais il n'y a point d'élévation sans quelque mérite.

CCCCI.

L'élévation est au mérite ce que la parure est aux belles personnes.

CCCCII.

Ce qui se trouve le moins dans la galanterie, c'est de l'amour.

CCCCIII.

La fortune se sert quelquefois de nos défauts pour nous élever ; et il y a des gens incommodes dont le mérite serait mal récompensé, si on ne voulait acheter leur absence.

CCCCIV.

Il semble que la nature ait caché dans le fond de notre esprit des talents et une habileté que nous ne connaissons pas : les passions seules ont le droit de les mettre au jour, et de nous donner quelquefois des vues plus certaines et plus achevées, que l'art ne saurait faire.

CCCCV.

Nous arrivons tout nouveaux aux divers âges de la vie, et nous y manquons souvent d'expérience, malgré le nombre des années.

CCCCVI.

Les coquettes se font honneur d'être jalouses de leurs amants, pour cacher qu'elles sont envieuses des autres femmes.

CCCCVII.

Il s'en faut bien que ceux qui s'attrapent à nos finesses, ne nous paraissent aussi ridicules que nous nous le paraissons à nous-mêmes, quand les finesses des autres nous ont attrapés.

CCCCVIII.

Le plus dangereux ridicule des vieilles personnes qui ont été aimables, c'est d'oublier qu'elles ne le sont plus.

CCCCIX.

Nous aurions souvent honte de nos plus belles actions, si le monde voyait tous les motifs qui les produisent.

CCCCX.

Le plus grand effort de l'amitié n'est pas de montrer nos défauts à un ami, c'est de lui faire voir les siens.

CCCCXI.

On n'a guère de défauts qui ne soient plus pardonnables que les moyens dont on se sert pour les cacher.

CCCCXII.

Quelque honte que nous ayons méritée, il est presque toujours en notre pouvoir de rétablir notre réputation.

CCCCXIII.

On ne plaît pas long-temps, quand on n'a qu'une sorte d'esprit (1).

CCCCXIV.

Les fous et les sottes gens ne voient que par leur humeur.

CCCCXV.

L'esprit nous sert quelquefois hardiment à faire des sottises.

CCCCXVI.

La vivacité qui augmente en vieillissant, ne va pas loin de la folie.

CCCCXVII.

En amour, celui qui est guéri le premier, est toujours le mieux guéri.

CCCCXVIII.

Les jeunes femmes qui ne veulent point paraître coquettes, et les hommes d'un

---

(1) C'est une grande pauvreté de n'avoir qu'une sorte d'esprit. (*Variante indiquée par Brotier.*)

âge avancé qui ne veulent pas être ridicules, ne doivent jamais parler de l'amour comme d'une chose où ils puissent avoir part.

CCCCXIX.

Nous pouvons paraître grands dans un emploi au-dessous de notre mérite; mais nous paraissons souvent petits dans un emploi plus grand que nous.

CCCCXX.

Nous croyons souvent avoir de la constance dans les malheurs, lorsque nous n'avons que de l'abattement, et nous les souffrons sans oser les regarder, comme les poltrons se laissent tuer, de peur de se défendre.

CCCCXXI.

La confiance fournit plus à la conversation que l'esprit.

CCCCXXII.

Toutes les passions nous font faire des fautes, mais l'amour nous en fait faire de plus ridicules.

CCCCXXIII.

Peu de gens savent être vieux.

CCCCXXIV.

Nous nous faisons honneur des défauts opposés à ceux que nous avons; quand nous sommes faibles, nous nous vantons d'être opiniâtres.

CCCCXXV.

La pénétration a un air de deviner, qui flatte plus notre vanité que toutes les autres qualités de l'esprit.

CCCCXXVI.

La grace de la nouveauté et la longue habitude, quelque opposées qu'elles soient, nous empêchent également de sentir les défauts de nos amis.

CCCCXXVII.

La plupart des amis dégoûtent de l'amitié, et la plupart des dévots dégoûtent de la dévotion.

CCCCXXVIII.

Nous pardonnons aisément à nos amis les défauts qui ne nous regardent pas.

CCCCXXIX.

Les femmes qui aiment pardonnent plus aisément les grandes indiscrétions que les petites infidélités.

CCCCXXX.

Dans la vieillesse de l'amour, comme dans celle de l'âge, on vit encore pour les maux, mais on ne vit plus pour les plaisirs.

CCCCXXXI.

Rien n'empêche tant d'être naturel que l'envie de le paraître.

CCCCXXXII.

C'est en quelque sorte se donner part aux belles actions que de les louer de bon cœur.

CCCCXXXIII.

La plus véritable marque d'être né avec de grandes qualités, c'est d'être né sans envie.

CCCCXXXIV.

Quand nos amis nous ont trompés, on ne doit que de l'indifférence aux marques de leur amitié; mais on doit toujours de la sensibilité à leurs malheurs.

CCCCXXXV.

La fortune et l'humeur gouvernent le monde.

CCCCXXXVI.

Il est plus aisé de connaître l'homme en général, que de connaître un homme en particulier.

CCCCXXXVII.

On ne doit pas juger du mérite d'un homme par ses grandes qualités, mais par l'usage qu'il en sait faire.

CCCCXXXVIII.

Il y a une certaine reconnaissance vive qui ne nous acquitte pas seulement des bienfaits que nous avons reçus, mais qui fait même que nos amis nous doivent en leur payant ce que nous leur devons.

CCCCXXXIX.

Nous ne désirerions guère de choses avec ardeur, si nous connaissions parfaitement ce que nous désirons.

CCCCXL.

Ce qui fait que la plupart des femmes sont peu touchées de l'amitié; c'est qu'elle est fade quand on a senti de l'amour.

CCCCXLI.

Dans l'amitié, comme dans l'amour, on est souvent plus heureux par les choses qu'on ignore, que par celles que l'on sait.

CCCCXLII.

Nous essayons de nous faire honneur des défauts que nous ne voulons pas corriger.

CCCCXLIII.

Les passions les plus violentes nous laissent quelquefois du relâche, mais la vanité nous agite toujours.

CCCCXLIV.

Les vieux fous sont plus fous que les jeunes.

CCCCXLV.

La faiblesse est plus opposée à la vertu que le vice.

CCCCXLVI.

Ce qui rend les douleurs de la honte et de la jalousie si aiguës, c'est que la vanité ne peut servir à les supporter.

CCCCXLVII.

La bienséance est la moindre de toutes les lois, et la plus suivie.

CCCCXLVIII.

Un esprit droit a moins de peine de se soumettre aux esprits de travers, que de les conduire.

CCCCXLIX.

Lorsque la fortune nous surprend en nous donnant une grande place, sans nous y avoir conduits par degrés, ou sans que nous nous y soyons élevés par nos espérances, il est presque impossible de s'y bien soutenir, et de paraître digne de l'occuper.

CCCCL.

Notre orgueil s'augmente souvent de ce que nous retranchons de nos autres défauts.

CCCCLI.

Il n'y a point de sots si incommodes que ceux qui ont de l'esprit.

CCCCLII.

Il n'y a point d'homme qui se croie, en chacune de ses qualités, au-dessous de l'homme du monde qu'il estime le plus.

CCCCLIII.

Dans les grandes affaires, on doit moins s'appliquer à faire naître des occasions, qu'à profiter de celles qui se présentent.

CCCCLIV.

Il n'y a guère d'occasion où l'on fît un méchant marché de renoncer au bien qu'on dit de nous, à condition de n'en dire point de mal.

CCCCLV.

Quelque disposition qu'ait le monde à

mal juger, il fait encore plus souvent grace au faux mérite, qu'il ne fait injustice au véritable.

CCCCLVI.

On est quelquefois un sot avec de l'esprit; mais on ne l'est jamais avec du jugement.

CCCCLVII.

Nous gagnerions plus de nous laisser voir tels que nous sommes, que d'essayer de paraître ce que nous ne sommes pas.

CCCCLVIII.

Nos ennemis approchent plus de la vérité dans les jugements qu'ils font de nous, que nous n'en approchons nous-mêmes.

CCCCLIX.

Il y a plusieurs remèdes qui guérissent de l'amour; mais il n'y en a point d'infaillible.

CCCCLX.

Il s'en faut bien que nous connaissions tout ce que nos passions nous font faire.

CCCCLXI.

La vieillesse est un tyran qui défend, sur peine de la vie, tous les plaisirs de la jeunesse.

CCCCLXII.

Le même orgueil qui nous fait blâmer les défauts dont nous nous croyons exempts, nous porte à mépriser les bonnes qualités que nous n'avons pas.

CCCCLXIII.

Il y a souvent plus d'orgueil que de bonté à plaindre les malheurs de nos ennemis; c'est pour leur faire sentir que nous sommes au-dessus d'eux, que nous leur donnons des marques de compassion.

CCCCLXIV.

Il y a un excès de biens et de maux qui passe notre sensibilité.

CCCCLXV.

Il s'en faut bien que l'innocence trouve autant de protection que le crime.

CCCCLXVI.

De toutes les passions violentes, celle qui sied le moins mal aux femmes, c'est l'amour.

CCCCLXVII.

La vanité nous fait faire plus de choses contre notre goût que la raison.

CCCCLXVIII.

Il y a des méchantes qualités qui font de grands talents.

CCCCLXIX.

On ne souhaite jamais ardemment ce qu'on ne souhaite que par raison.

CCCCLXX.

Toutes nos qualités sont incertaines et douteuses, en bien comme en mal; et elles sont presque toutes à la merci des occasions.

CCCCLXXI.

Dans les premières passions, les femmes aiment l'amant, et dans les autres, elles aiment l'amour.

CCCCLXXII.

L'orgueil a ses bizarreries comme les autres passions : on a honte d'avouer que l'on ait de la jalousie, et on se fait honneur d'en avoir eu, et d'être capable d'en avoir.

CCCCLXXIII.

Quelque rare que soit le véritable amour, il l'est encore moins que la véritable amitié.

CCCCLXXIV.

Il y a peu de femmes dont le mérite dure plus que la beauté.

CCCCLXXV.

L'envie d'être plaint ou d'être admiré, fait souvent la plus grande partie de notre confiance.

CCCCLXXVI.

Notre envie dure toujours plus longtemps que le bonheur de ceux que nous envions.

CCCCLXXVII.

La même fermeté qui sert à résister à

l'amour, sert aussi à le rendre violent et durable; et les personnes faibles, qui sont toujours agitées des passions, n'en sont presque jamais véritablement remplies.

CCCCLXXVIII.

L'imagination ne saurait inventer tant de diverses contrariétés, qu'il y en a naturellement dans le cœur de chaque personne.

CCCCLXXIX.

Il n'y a que les personnes qui ont de la fermeté, qui puissent avoir une véritable douceur; celles qui paraissent douces, n'ont d'ordinaire que de la faiblesse, qui se convertit aisément en aigreur.

CCCCLXXX.

La timidité est un défaut dont il est dangereux de reprendre les personnes qu'on en veut corriger.

CCCCLXXXI.

Rien n'est plus rare que la véritable bonté; ceux mêmes qui croient en avoir, n'ont d'ordinaire que de la complaisance ou de la faiblesse.

CCCCLXXXII.

L'esprit s'attache par paresse et par constance à ce qui lui est facile ou agréable. Cette habitude met toujours des bornes à nos connaissances; et jamais personne ne s'est donné la peine d'étendre et de conduire son esprit aussi loin qu'il pourrait aller.

CCCCLXXXIII.

On est d'ordinaire plus médisant par vanité que par malice.

CCCCLXXXIV.

Quand on a le cœur encore agité par les restes d'une passion, on est plus près d'en prendre une nouvelle, que quand on est entièrement guéri.

CCCCLXXXV.

Ceux qui ont eu de grandes passions, se trouvent toute leur vie heureux et malheureux d'en être guéris.

CCCCLXXXVI.

Il y a encore plus de gens sans intérêt que sans envie.

CCCCLXXXVII.

Nous avons plus de paresse dans l'esprit que dans le corps.

CCCCLXXXVIII.

Le calme ou l'agitation de notre humeur ne dépend pas tant de ce qui nous arrive de plus considérable dans la vie, que d'un arrangement commode ou désagréable de petites choses qui arrivent tous les jours.

CCCCLXXXIX.

Quelque méchants que soient les hommes, ils n'oseraient paraître ennemis de la vertu; et lorsqu'ils la veulent persécuter, ils feignent de croire qu'elle est fausse, ou ils lui supposent des crimes.

CCCCXC.

On passe souvent de l'amour à l'ambition; mais on ne revient guère de l'ambition à l'amour.

CCCCXCI.

L'extrême avarice se méprend presque toujours; il n'y a point de passion qui s'éloigne plus souvent de son but, ni sur qui le présent ait tant de pouvoir, au préjudice de l'avenir.

CCCCXCII.

L'avarice produit souvent des effets contraires : il y a un nombre infini de gens qui sacrifient tout leur bien à des espérances douteuses et éloignées; d'autres méprisent de grands avantages à venir pour de petits intérêts présents.

CCCCXCIII.

Il semble que les hommes ne se trouvent pas assez de défauts; ils en augmentent encore le nombre par de certaines qualités singulières dont ils affectent de se parer; et ils les cultivent avec tant de soin, qu'elles deviennent à la fin des défauts naturels qu'il ne dépend plus d'eux de corriger.

CCCCXCIV.

Ce qui fait voir que les hommes connaissent mieux leurs fautes qu'on ne pense, c'est qu'ils n'ont jamais tort quand on les entend parler de leur conduite : le même amour-propre qui les aveugle d'ordinaire, les éclaire alors, et leur donne des vues si justes, qu'il leur fait supprimer ou déguiser les moindres choses qui peuvent être condamnées.

CCCCXCV.

Il faut que les jeunes gens qui entrent dans le monde, soient honteux ou étourdis : un air capable et composé se tourne d'ordinaire en impertinence.

CCCCXCVI.

Les querelles ne dureraient pas long-temps, si le tort n'était que d'un côté.

CCCCXCVII.

Il ne sert de rien d'être jeune sans être belle, ni d'être belle sans être jeune.

CCCCXCVIII.

Il y a des personnes si légères et si frivoles, qu'elles sont aussi éloignées d'avoir de véritables défauts que des qualités solides.

CCCCXCIX.

On ne compte d'ordinaire la première galanterie des femmes que lorsqu'elles en ont une seconde.

D.

Il y a des gens si remplis d'eux-mêmes, que, lorsqu'ils sont amoureux, ils trouvent moyen d'être occupés de leur passion, sans l'être de la personne qu'ils aiment.

DI.

L'amour, tout agréable qu'il est, plaît encore plus par les manières dont il se montre, que par lui-même.

DII.

Peu d'esprit avec de la droiture, ennuie moins à la longue, que beaucoup d'esprit avec du travers.

DIII.

La jalousie est le plus grand de tous

les maux, et celui qui fait le moins de pitié aux personnes qui le causent.

DIV.

Après avoir parlé de la fausseté de tant de vertus apparentes, il est raisonnable de dire quelque chose de la fausseté du mépris de la mort. J'entends parler de ce mépris de la mort que les païens se vantent de tirer de leurs propres forces, sans l'espérance d'une meilleure vie. Il y a différence entre souffrir la mort constamment et la mépriser. Le premier est assez ordinaire; mais je crois que l'autre n'est jamais sincère. On a écrit néanmoins tout ce qui peut le plus persuader que la mort n'est point un mal, et les hommes les plus faibles, aussi bien que les héros, ont donné mille exemples célèbres pour établir cette opinion. Cependant je doute que personne de bon sens l'ait jamais cru; et la peine que l'on prend pour le persuader aux autres et à soi-même, fait assez voir que cette entreprise n'est pas aisée. On peut avoir divers sujets de dégoût dans la vie; mais on n'a jamais raison de mépriser la mort. Ceux mêmes qui se la donnent volontairement, ne la comptent pas pour si peu de chose, et ils s'en étonnent, et la rejettent comme les autres, lorsqu'elle vient à eux par une autre voie que celle qu'ils ont choisie. L'inégalité que l'on remarque dans le courage d'un nombre infini de vaillants hommes, vient de ce que la mort se découvre différemment à leur imagination, et y paraît plus présente en un temps qu'en un autre. Ainsi, il arrive qu'après avoir méprisé ce qu'ils ne connaissent pas, ils craignent enfin ce qu'ils connaissent. Il faut éviter de l'envisager avec toutes ses circonstances, si on ne veut pas croire qu'elle soit le plus grand de tous les maux. Les plus habiles et les plus braves sont ceux qui prennent de plus honnêtes prétextes pour s'empêcher de la considérer: mais tout homme qui la sait voir telle qu'elle est, trouve que c'est une chose épouvantable. La nécessité de mourir faisait toute la constance des philosophes. Ils croyaient qu'il fallait aller de bonne grace où l'on ne saurait s'empêcher d'aller; et ne pouvant éterniser leur vie, il n'y avait rien qu'ils ne fissent pour éterniser leur réputation, et sauver du naufrage ce qui en peut être garanti. Contentons-nous, pour faire bonne mine, de ne nous pas dire à nous-mêmes tout ce que nous en pensons, et espérons plus de notre tempérament que de ces faibles raisonnements qui nous font croire que nous pouvons approcher de la mort avec indifférence. La gloire de mourir avec fermeté, l'espérance d'être regretté, le désir de laisser une belle réputation, l'assurance d'être affranchi des misères de la vie, et de ne dépendre plus des caprices de la fortune, sont des remèdes qu'on ne doit pas rejeter. Mais on ne doit pas croire aussi qu'ils soient infaillibles. Ils font pour nous assurer, ce qu'une simple haie fait souvent à la guerre, pour assurer ceux qui doivent approcher d'un lieu d'où l'on tire. Quand on en est éloigné, on s'imagine qu'elle peut mettre à couvert; mais quand on en est proche, on trouve que c'est un faible secours. C'est nous flatter, de croire que la mort nous paraisse de près ce que nous en avons jugé de loin, et que nos sentiments, qui ne sont que faiblesse, soient d'une trempe assez forte pour ne point souffrir d'atteinte par la plus rude de toutes les épreuves. C'est aussi mal connaître les effets de l'amour-propre, que de penser qu'il puisse nous aider à compter pour rien ce qui le doit nécessairement détruire; et la raison, dans laquelle on croit trouver tant de ressources, est trop faible en cette rencontre pour nous persuader ce que nous voulons. C'est elle au contraire qui nous trahit le plus souvent, et qui, au lieu de nous inspirer le mépris de la mort, sert à nous découvrir ce qu'elle a d'affreux et de terrible. Tout ce qu'elle peut faire pour nous, est de nous conseiller d'en détourner les yeux pour les arrêter sur d'autres objets. Caton et Brutus en choisirent d'illustres. Un laquais se contenta, il y a quelque temps, de danser sur l'échafaud où il allait être roué. Ainsi, bien que les motifs soient différents, ils produisent les mêmes effets ; de sorte qu'il est vrai que, quelque disproportion qu'il y ait entre les grands hommes et les gens du commun, on a vu mille fois les uns et les autres recevoir la mort d'un même visage ; mais ç'a toujours été avec cette différence, que, dans le mépris que les grands hommes font paraître pour la mort, c'est l'amour de la gloire qui leur en ôte la vue ; et dans les gens du commun, ce n'est qu'un effet de leur peu de lumières qui les empêche de connaître la grandeur de leur mal, et leur laisse la liberté de penser à autre chose.

Nous avons observé et nous plaçons ici une pensée qui, par sa justesse, le tour rapide et ingénieux de son expression, mérite bien une distinction toute particulière. Ce morceau, d'un fini si précieux, était encore inédit : nous l'avons tiré, ainsi que tous ceux qui paraissent pour la première fois dans cette édition, d'un manuscrit de la Bibliothèque royale.

« L'intérêt est l'ame de l'amour-propre, de

« sorte que comme le corps, privé de son ame, est
« sans vue, sans ouïe, sans connaissance, sans
« sentiment et sans mouvement; de même l'amour-
« propre, séparé, s'il le faut dire ainsi, de son
« intérêt, ne voit, n'entend, ne sent et ne se re-
« mue plus; de là vient qu'un même homme qui
« court la terre et les mers pour son intérêt, de-
« vient soudainement paralytique pour l'intérêt
« des autres; de là vient le soudain assoupissement
« et cette mort que nous causons à tous ceux à
« qui nous contons nos affaires; de là vient leur
« prompte résurrection lorsque, dans notre narra-
« tion, nous y mêlons quelque chose qui les re-
« garde, de sorte que nous voyons dans nos con-
« versations et dans nos traités, que, dans un même
« moment, un homme perd connaissance et revient
« à soi, selon que son propre intérêt s'approche
« de lui, ou qu'il s'en retire. »

Lettre à madame de SABLÉ.
(Manusc. fol. 211.)

PENSÉES

TIRÉES

DES PREMIÈRES ÉDITIONS

ET REPLACÉES

DANS L'ORDRE OU ELLES S'Y TROUVENT (1).

L'AMOUR-PROPRE est l'amour de soi-même et de toutes choses pour soi; il rend les hommes idolâtres d'eux-mêmes, et les rendrait les tyrans des autres, si la fortune leur en donnait les moyens : il ne se repose jamais hors de soi, et ne s'arrête dans les sujets étrangers que comme les abeilles sur les fleurs, pour en tirer ce

---

(1) La Rochefoucauld avait inséré, dans les premières éditions, plusieurs Maximes qu'il a successivement rejetées. Brotier en a compté cent vingt-une.

qui lui est propre. Rien n'est si impétueux que ses désirs, rien de si caché que ses desseins, rien de si habile que ses conduites : ses souplesses ne se peuvent représenter, ses transformations passent celles des métamorphoses, et ses raffinements ceux de la chimie. On ne peut sonder la profondeur, ni percer les ténèbres de ses abîmes. Là, il est à couvert des yeux les plus pénétrants, il fait mille insensibles tours et retours. Là, il est souvent invisible à lui-même, il y conçoit, il y nourrit et il y élève, sans le savoir, un grand nombre d'affections et de haines ; il en forme de si monstrueuses, que lorsqu'il les a mises au jour, il les méconnaît, ou il ne peut se résoudre à les avouer. De cette nuit qui le couvre, naissent les ridicules persuasions qu'il a de lui-même ; de là viennent ses erreurs, ses ignorances, ses grossièretés et ses niaiseries sur son sujet; de là vient qu'il croit que ses sentiments sont morts lorsqu'ils ne sont qu'endormis ; qu'il s'imagine n'avoir plus envie de courir dès qu'il se repose, et qu'il pense avoir perdu tous les goûts qu'il a rassasiés : mais cette obscurité épaisse qui le cache à lui-même, n'empêche pas qu'il ne voie parfaitement ce qui est hors de lui; en quoi il est semblable à nos yeux qui découvrent tout, et sont aveugles seulement pour eux-mêmes. En effet, dans ses plus grands intérêts et dans ses plus importantes affaires où la violence de ses souhaits appelle toute son attention, il voit, il sent, il entend, il imagine, il soupçonne, il pénètre, il devine tout; de sorte qu'on est tenté de croire que chacune de ses passions a une espèce de magie qui lui est propre. Rien n'est si intime et si fort que ses attachements qu'il essaie de rompre inutilement à la vue des malheurs extrêmes qui le menacent. Cependant il fait quelquefois en peu de temps, et sans aucun effort, ce qu'il n'a pu faire avec tous ceux dont il est capable dans le cours de plusieurs années; d'où l'on pourrait conclure assez vraisemblablement que c'est par lui-même que ses désirs sont allumés, plutôt que par la beauté et par le mérite de ses objets ; que son goût est le prix qui les relève, et le fard qui les embellit ; que c'est après lui-même qu'il court, et qu'il suit son gré lorsqu'il suit les choses qui sont à son gré. Il est tous les contraires, il est impérieux et obéissant, sincère et dissimulé, miséricordieux et cruel, timide et audacieux : il a de différentes inclinations, selon la diversité des tempéraments qui le tournent et le dévouent tantôt à la gloire, tantôt aux richesses, et tantôt aux plaisirs. Il en change selon le changement de nos âges, de nos fortunes et de nos expériences : mais il lui est indifférent d'en avoir plusieurs, ou de n'en avoir qu'une, parce qu'il se partage en plusieurs, et se ramasse en une quand il le faut, et comme il lui plaît. Il est inconstant ; et, outre les changements qui viennent des causes étrangères, il y en a une infinité qui naissent de lui et de son propre fonds. Il est inconstant d'inconstance, de légèreté, d'amour, de nouveauté, de lassitude et de dégoût. Il est capricieux, et on le voit quelquefois travailler avec le dernier empressement et avec des travaux incroyables à obtenir des choses qui ne lui sont point avantageuses, et qui même lui sont nuisibles, mais qu'il poursuit parce qu'il les veut. Il est bizarre, et met souvent toute son application dans les emplois les plus frivoles; il trouve tout son plaisir dans les plus fades, et conserve toute sa fierté dans les plus méprisables. Il est dans tous les états de la vie et dans toutes les conditions; il vit partout, et il vit de tout; il vit de rien, il s'accommode des choses et de leur privation; il passe même dans le parti des gens qui lui font la guerre; il entre dans leurs desseins, et, ce qui est admirable, il se hait lui-même avec eux, il conjure sa perte, il travaille lui-même à sa ruine; enfin, il ne se soucie que d'être, et pourvu qu'il soit, il veut bien être son ennemi. Il ne faut donc pas s'étonner s'il se joint quelquefois à la plus rude austérité, et s'il entre si hardiment en société avec elle pour se détruire, parce que, dans le même temps qu'il se ruine en un endroit, il se rétablit en un autre. Quand on pense qu'il quitte son plaisir, il ne fait que le suspendre ou le changer, et lors même qu'il est vaincu, et qu'on croit en être défait, on le retrouve qui triomphe dans sa propre défaite. Voilà la peinture de l'amour-propre dont toute la vie n'est qu'une grande et longue agitation. La mer en est une image sensible; et l'amour-propre trouve dans le flux et le reflux de ses vagues continuelles une fidèle expression de la succession turbulente de ses pensées et de ses éternels mouvements. (1665 — n° 1.)

II.

Toutes les passions ne sont autre chose que les divers degrés de la chaleur et de la froideur du sang. (1665 — n° 13.)

III.

La modération dans la bonne fortune n'est que l'appréhension de la honte qui suit l'emportement, ou la peur de perdre ce que l'on a. (1665 — n° 18.)

IV.

La modération est comme la sobriété ; on voudrait bien manger davantage, mais on craint de se faire mal. (1665 — n° 21.)

V.

Tout le monde trouve à redire en autrui ce qu'on trouve à redire en lui. (1665 — n° 33.)

VI.

L'orgueil, comme lassé de ses artifices et de ses différentes métamorphoses, après avoir joué tout seul les personnages de la comédie humaine, se montre avec un visage naturel, et se découvre par la fierté ; de sorte qu'à proprement parler, la fierté est l'éclat et la déclaration de l'orgueil. (1665 — n° 37.)

VII.

C'est une espèce de bonheur de connaître jusques à quel point on doit être malheureux. (1665 — n° 53.)

VIII.

Quand on ne trouve pas son repos en soi-même, il est inutile de le chercher ailleurs. (1665 — n° 55.)

IX.

Il faudrait pouvoir répondre de sa fortune, pour pouvoir répondre de ce que l'on fera. (1665 — n° 70.)

X.

L'amour est à l'ame de celui qui aime, ce que l'ame est au corps qu'elle anime. (1665 — n° 77.)

XI.

Comme on n'est jamais en liberté d'aimer, ou de cesser d'aimer, l'amant ne peut se plaindre avec justice de l'inconstance de sa maîtresse, ni elle, de la légèreté de son amant. (1665 — n° 81.)

XII.

La justice dans les juges qui sont modérés, n'est que l'amour de leur élévation. (1665 — n° 89.)

XIII.

Quand nous sommes las d'aimer, nous sommes bien aises que l'on devienne infidèle pour nous dégager de notre fidélité(1). (1665 — n° 85.)

XIV.

Le premier mouvement de joie que nous avons du bonheur de nos amis, ne vient ni de la bonté de notre naturel, ni de l'amitié que nous avons pour eux; c'est un effet de l'amour-propre qui nous flatte de l'espérance d'être heureux à notre tour, ou de retirer quelque utilité de leur bonne fortune. (1665 — n° 97.)

XV.

Dans l'adversité de nos meilleurs amis,

---

(1) On lit dans les éditions de Brottier et de M. de Fortia : *pour nous dégager de notre infidélité*. Cependant les éditions de 1666, 1671 et 1675, dans lesquelles on trouve encore cette pensée, sont conformes à celle de 1665.

nous trouvons toujours quelque chose qui ne nous déplaît pas. (1665 — n° 99.)

XVI.

Comment prétendons-nous qu'un autre garde notre secret, si nous n'avons pas pu le garder nous-mêmes? (1665 — n° 100.)

XVII.

Comme si ce n'était pas assez à l'amour-propre d'avoir la vertu de se transformer lui-même, il a encore celle de transformer les objets; ce qu'il fait d'une manière fort étonnante: car non-seulement il les déguise si bien qu'il y est lui-même trompé, mais il change aussi l'état et la nature des choses. En effet, lorsqu'une personne nous est contraire, et qu'elle tourne sa haine et sa persécution contre nous, c'est avec toute la sévérité de la justice que l'amour-propre juge de ses actions: il donne à ses défauts une étendue qui les rend énormes, et il met ses bonnes qualités dans un jour si désavantageux qu'elles deviennent plus dégoûtantes que ses défauts. Cependant, dès que cette même personne nous devient favorable, ou que quelqu'un de nos intérêts la réconcilie avec nous, notre seule satisfaction rend aussitôt à son mérite le lustre que notre aversion venait de lui ôter. Les mauvaises qualités s'effacent, et les bonnes paraissent avec plus d'avantage qu'auparavant ; nous rappelons même toute notre indulgence pour la forcer à justifier la guerre qu'elle nous a faite. Quoique toutes les passions montrent cette vérité, l'amour la fait voir plus clairement que les autres ; car nous voyons un amoureux agité de la rage où l'a mis l'oubli ou l'infidélité de ce qu'il aime, méditer pour sa vengeance tout ce que cette passion inspire de plus violent. Néanmoins, aussitôt que sa vue a calmé la fureur de ses mouvements, son ravissement rend cette beauté innocente ; il n'accuse plus que lui-même, il condamne ses condamnations ; et, par cette vertu miraculeuse de l'amour-propre, il ôte la noirceur aux mauvaises actions de sa maîtresse, et en sépare le crime pour s'en charger lui-même.

XVIII.

Il n'y en a point qui pressent tant les autres que les paresseux lorsqu'ils ont satisfait à leur paresse, afin de paraître diligents. (1666 — n° 91.)

XIX.

L'aveuglement des hommes est le plus dangereux effet de leur orgueil: il sert à le nourrir et à l'augmenter, et nous ôte la connaissance des remèdes qui pourraient soulager nos misères, et nous guérir de nos défauts. (1665 — n° 102.)

XX.

On n'a plus de raison, quand on n'espère plus d'en trouver aux autres. (1665 — n° 103.)

XXI.

Les philosophes et Sénèque surtout, n'ont point ôté les crimes par leurs préceptes, ils n'ont fait que les employer au bâtiment de l'orgueil. (1665 — n° 105.)

XXII.

C'est une preuve de peu d'amitié de ne s'apercevoir pas du refroidissement de celle de nos amis. (1666 — n° 97.)

XXIII.

Les plus sages le sont dans les choses indifférentes, mais ils ne le sont presque jamais dans leurs plus sérieuses affaires. (1665 — n° 132.)

XXIV.

La plus subtile folie se fait de la plus subtile sagesse. (1665 — n° 134.)

XXV.

La sobriété est l'amour de la santé, ou l'impuissance de manger beaucoup. (1665 — n° 135.)

XXVI.

On n'oublie jamais mieux les choses que quand on s'est lassé d'en parler. (1665 — n° 144.)

XXVII.

La louange qu'on nous donne, sert au moins à nous fixer dans la pratique des vertus. (1665 — n° 155.)

XXVIII.

L'amour-propre empêche bien que celui qui nous flatte ne soit jamais celui qui nous flatte le plus. (1665 — n° 157.)

XXIX.

On ne blâme le vice, et on ne loue la vertu que par intérêt. (1665 — n° 151.)

XXX.

On ne fait point de distinction dans les espèces de colère, bien qu'il y en ait une légère et quasi innocente, qui vient de l'ardeur de la complexion, et une autre très criminelle, qui est à proprement parler la fureur de l'orgueil. (1665 — n° 159.)

XXXI.

Les grandes ames ne sont pas celles qui

ont moins de passions, et plus de vertus que les ames communes, mais celles seulement qui ont de plus grands desseins. (1665 — n° 161.)

XXXII.

Les rois font des hommes comme des pièces de monnaie ; ils les font valoir ce qu'ils veulent, et l'on est forcé de les recevoir selon leur cours, et non pas selon leur véritable prix. (1665 — n° 165.)

XXXIII.

La férocité naturelle fait moins de cruels que l'amour-propre. (1665 — n° 174.)

XXXIV.

On peut dire de toutes nos vertus, ce qu'un poète italien a dit de l'honnêteté des femmes, que ce n'est souvent autre chose qu'un art de paraître honnête. (1665 — n° 176.)

XXXV.

Il y a des crimes qui deviennent innocents et même glorieux par leur éclat, leur nombre et leur excès; de là vient que les voleries publiques sont des habiletés, et que prendre des provinces injustement, s'appelle faire des conquêtes. (1655 — n° 192.)

XXXVI.

On ne trouve point dans l'homme le bien ni le mal dans l'excès. (1665—n° 201.)

XXXVII.

Ceux qui sont incapables de commettre de grands crimes, n'en soupçonnent pas facilement les autres. (1665 — n° 208.)

XXXVIII.

La pompe des enterrements regarde plus la vanité des vivants que l'honneur des morts. (1665 — n° 213.)

XXXIX.

Quelque incertitude et quelque variété qui paraisse dans le monde, on y remarque néanmoins un certain enchaînement secret, et un ordre réglé de tout temps par la Providence, qui fait que chaque chose marche en son rang, et suit le cours de sa destinée. (1665 — n° 225.)

XL.

L'intrépidité doit soutenir le cœur dans les conjurations, au lieu que la seule valeur lui fournit toute la fermeté qui lui est nécessaire dans les périls de la guerre. (1665 — n° 231.)

XLI.

Ceux qui voudraient définir la victoire par sa naissance, seraient tentés, comme les poètes, de l'appeller la fille du ciel, puisqu'on ne trouve point son origine sur la terre. En effet, elle est reproduite par une infinité d'actions, qui, au lieu de l'avoir pour but, regardent seulement les intérêts particuliers de ceux qui les font; puisque tous ceux qui composent une armée, allant à leur propre gloire et à leur élévation, procurent un bien si grand et si général. (1665 — n° 232.)

XLII.

On ne peut répondre de son courage, quand on n'a jamais été dans le péril. (1665 — n° 236.)

XLIII.

On donne plus souvent des bornes à sa reconnaissance qu'à ses désirs et à ses espérances. (1665 — n° 241.)

XLIV.

L'imitation est toujours malheureuse, et tout ce qui est contrefait déplaît avec les mêmes choses qui charment lorsqu'elles sont naturelles. (1665 — n° 245.)

XLV.

Nous ne regrettons pas la perte de nos amis selon leur mérite, mais selon nos besoins, et selon l'opinion que nous croyons leur avoir donnée de ce que nous valons. (1665 — n° 248.)

XLVI.

Il est bien malaisé de distinguer la

bonté générale et répandue sur tout le monde, de la grande habileté. (1665 — n° 252.)

XLVII.

Pour pouvoir être toujours bon, il faut que les autres croient qu'ils ne peuvent jamais nous être impunément méchants. (1665 — n° 254.)

XLVIII.

La confiance de plaire est souvent un moyen de déplaire infailliblement. (1665 — n° 256.)

XLIX.

La confiance que l'on a en soi fait naître la plus grande partie de celle que l'on a aux autres. (1665 — n° 258.)

L.

Il y a une révolution générale qui change le goût des esprits, aussi bien que les fortunes du monde. (1665 — n° 259.)

LI.

La vérité est le fondement et la raison de la perfection et de la beauté ; une chose de quelque nature qu'elle soit, ne saurait être belle et parfaite, si elle n'est véritablement tout ce qu'elle doit être, et si elle n'a tout ce qu'elle doit avoir. (1665 — n° 260.)

LI bis.

Il y a de belles choses qui ont plus d'éclat quand elles demeurent imparfaites, que quand elles sont trop achevées. (1665 — n° 262.)

LII.

La magnanimité est un noble effort de l'orgueil, par lequel il rend l'homme maître de lui-même, pour le rendre maître de toutes choses. (1665 — n° 271.)

LIII.

Le luxe et la trop grande politesse dans les états sont le présage assuré de leur décadence, parce que tous les particuliers s'attachant à leurs intérêts propres, ils se détournent du bien public. (1665 — n° 282.)

LIV.

De toutes les passions celle qui est la plus inconnue à nous-mêmes, c'est la paresse; elle est la plus ardente et la plus maligne de toutes, quoique sa violence soit insensible, et que les dommages qu'elle cause, soient très cachés : si nous considérons attentivement son pouvoir, nous verrons qu'elle se rend en toutes rencontres maîtresse de nos sentiments, de nos intérêts et de nos plaisirs : c'est la rémore qui a la force d'arrêter les plus grands vaisseaux; c'est une bonace plus dangereuse aux plus importantes affaires que les écueils et que les plus grandes tempêtes. Le repos de la paresse est un charme secret de l'ame qui suspend soudainement les plus ardentes poursuites, et les plus opiniâtres résolutions. Pour donner enfin la véritable idée de cette passion, il faut dire que la paresse est comme une béatitude de l'ame qui la console de toutes ses pertes, et qui lui tient lieu de tous les biens. (1665 — n° 290.)

LV.

On aime bien à deviner les autres, mais l'on n'aime pas à être deviné. (1665 — n° 296.)

LVI.

C'est une ennuyeuse maladie que de conserver sa santé par un trop grand régime. (1665 — n° 298.)

LVII.

Il est plus facile de prendre de l'amour quand on n'en a pas, que de s'en défaire quand on en a. (1665 — no 300.)

LVIII.

La plupart des femmes se rendent plutôt par faiblesse que par passion. De là vient que, pour l'ordinaire, les hommes entreprenants réussissent mieux que les autres, quoiqu'ils ne soient pas plus aimables. (1665 — n° 301.)

LIX.

N'aimer guère en amour, est un moyen assuré pour être aimé. (1665 — n° 302.)

LX.

La sincérité que se demandent les amants et les maîtresses pour savoir l'un et l'autre quand ils cesseront de s'aimer, est bien moins pour vouloir être avertis quand on ne les aimera plus, que pour être mieux assurés qu'on les aime, lorsque l'on ne dit point le contraire. (1665 — n° 303.)

LXI.

La plus juste comparaison qu'on puisse faire de l'amour, c'est celle de la fièvre; nous n'avons non plus de pouvoir sur l'un que sur l'autre, soit pour sa violence ou pour sa durée. (1665 — n° 305.)

LXII.

La plus grande habileté des moins habiles est de savoir se soumettre à la bonne conduite d'autrui. (1665 — n° 309.)

LXIII.

On craint toujours de voir ce qu'on aime, quand on vient de faire des coquetteries ailleurs. (1675 — n° 372.)

LXIV.

On doit se consoler de ses fautes, quand on a la force de les avouer. (1675 — n° 375.)

PENSÉES

TIRÉES

DES LETTRES MANUSCRITES

QUI SE TROUVENT

A LA BIBLIOTHÈQUE DU ROI (1).

L.

Ce qui fait tant crier contre les maximes qui découvrent le cœur de l'homme, est que l'on craint d'y être découvert. (Maxime 103.)

(Manusc. folio 310.)

---

(1) Nous avons indiqué les numéros des Maximes auxquelles les Pensées de ce Supplément peuvent servir de variantes.

II.

L'espérance et la crainte sont inséparables. (MAXIME 168.)
Lettre à madame de Sablé.
(Manusc. folio 222.)

III.

Il est assez ordinaire de hasarder sa vie pour empêcher d'être déshonoré ; mais quand cela est fait, on en est assez content pour ne se mettre pas d'ordinaire fort en peine du succès de l'entreprise que l'on veut faire réussir ; et il est certain que ceux qui s'exposent, et font autant qu'il est nécessaire pour prendre une place que l'on attaque, ou pour conquérir une province, ont plus de mérite, sont meilleurs officiers, et ont de plus grandes et plus utiles vues que ceux qui s'exposent seulement pour mettre leur honneur à couvert ; il est fort commun de trouver des gens de la dernière espèce, et fort rare d'en trouver de l'autre. (MAXIME 219.)
Lettre à M. Esprit.
(Manusc. folio 173.)

IV.

Le goût change, mais l'inclination ne change point. (MAXIME 252.)
Lettre à madame de Sablé.
(Manusc. folio 223.)

V.

Le pouvoir que des personnes que nous aimons ont sur nous, est presque toujours plus grand que celui que nous avons nous-mêmes. (MAXIME 259.)
Lettre à madame de Sablé.
(Manusc. folio 211.)

VI.

Ce qui fait croire si facilement que les autres ont des défauts, c'est la facilité que l'on a de croire ce que l'on souhaite. (MAXIME 397.)
Lettre à madame de Sablé.
(Manusc. folio 223.)

VII.

Je sais bien que le bon sens et le bon esprit ennuient à tous les âges, mais les goûts n'y mènent pas toujours, et ce qui serait bien en un temps, ne serait pas bien en un autre. Ce qui me fait croire que peu de gens savent être vieux. (Maxime 423.)

Lettre à madame de Sablé.
(Manusc. folio 202.)

VIII.

Dieu a permis, pour punir l'homme du péché originel, qu'il se fît un bien de son amour-propre pour en être tourmenté dans toutes les actions de sa vie. (Maxime 494.)

(Manusc. folio 310.)

IX.

Il me semble que voilà jusqu'où la philosophie d'un laquais méritait d'aller; je crois que toute gaîté en cet état-là est bien suspecte (1). (Maxime 504.)

Lettre à madame de Sablé.
(Manusc. folio 161.)

---

(1) La Rochefoucauld cite, dans la 504e Maxime, le trait d'un laquais qui dansa sur l'échafaud où il allait être roué.

RÉFLEXIONS DIVERSES

DU DUC
DE LA ROCHEFOUCAULD (1).

I.

DE LA CONFIANCE.

Bien que la sincérité et la confiance aient du rapport, elles sont néanmoins différentes en plusieurs choses.

La sincérité est une ouverture de cœur qui nous montre tels que nous sommes ; c'est un amour de la vérité, une répugnance à se déguiser, un désir de se dédommager de ses défauts, et de les diminuer même par le mérite de les avouer.

---

(1) Les Réflexions suivantes sont tirées d'un *Recueil de pièces d'histoire et de littérature*, Paris, 1731, tome 1er, page 32. Gabriel Brotier est le premier qui les ait insérées à la suite des Maximes, dans l'édition qu'il a donnée de cet ouvrage.

La confiance ne nous laisse pas tant de liberté : ses règles sont plus étroites ; elle demande plus de prudence et de retenue, et nous ne sommes pas toujours libres d'en disposer. Il ne s'agit pas de nous uniquement, et nos intérêts sont mêlés d'ordinaire avec les intérêts des autres : elle a besoin d'une grande justesse pour ne pas livrer nos amis en nous livrant nous-mêmes, et pour ne pas faire des présents de leur bien, dans la vue d'augmenter le prix de ce que nous donnons.

La confiance plaît toujours à celui qui la reçoit ; c'est un tribut que nous payons à son mérite ; c'est un dépôt que l'on commet à sa foi ; ce sont des gages qui lui donnent un droit sur nous et une sorte de dépendance où nous nous assujettissons volontairement.

Je ne prétends pas détruire, par ce que je dis, la confiance si nécessaire entre les hommes, puisqu'elle est le lien de la société et de l'amitié. Je prétends seulement y mettre des bornes, et la rendre honnête et fidèle. Je veux qu'elle soit toujours prudente, et qu'elle n'ait ni faiblesse ni intérêt. Je sais bien qu'il est malaisé de donner de justes limites à la manière de recevoir toute sorte de confiance de nos amis, et de leur faire part de la nôtre.

On se confie le plus souvent par vanité, par envie de parler, par le désir de s'attirer la confiance des autres, et pour faire un échange de secrets.

Il y a des personnes qui peuvent avoir raison de se fier en nous, vers qui nous n'aurions pas raison d'avoir la même conduite; et on s'acquitte avec ceux-ci en leur gardant le secret, et en les payant de légères confidences.

Il y en a d'autres dont la fidélité nous est connue, qui ne ménagent rien avec nous, et à qui on peut se confier par choix et par estime. On doit ne leur rien cacher de ce qui ne regarde que nous; se montrer à eux toujours vrais dans nos bonnes qualités et dans nos défauts mêmes, sans exagérer les unes, et sans diminuer les autres; se faire une loi de ne leur faire jamais des demi-confidences; elles embarrassent toujours ceux qui les font, et ne contentent jamais ceux qui les reçoivent. On leur donne des lumières confuses de ce qu'on veut cacher; on augmente leur curiosité; on les met en droit de vouloir en savoir davantage, et ils se croient en liberté de disposer de ce qu'ils ont pénétré. Il est plus sûr et plus honnête de ne leur rien dire, que de se taire quand on a commencé à parler. Il y a d'autres règles à suivre pour les choses qui nous ont été confiées; plus elles sont importantes, et plus la prudence et la fidélité y sont nécessaires.

Tout le monde convient que le secret doit être inviolable; mais on ne convient pas toujours de la nature et de l'importance du secret. Nous ne consultons le plus souvent que nous-mêmes sur ce que nous devons dire, et sur ce que nous devons taire. Il y a peu de secrets de tous les temps, et le scrupule de le révéler ne dure pas toujours.

On a des liaisons étroites avec des amis dont on connaît la fidélité; ils nous ont toujours parlé sans réserve, et nous avons toujours gardé les mêmes mesures avec eux. Ils savent nos habitudes et nos commerces, et ils nous voient de trop près pour ne pas s'apercevoir du moindre changement. Ils peuvent savoir par ailleurs ce que nous sommes engagés de ne dire jamais à personne. Il n'a pas été en notre pouvoir de les faire entrer dans ce qu'on nous a confié; ils ont peut-être même quelque intérêt de le savoir; on est assuré d'eux comme de soi, et on se voit réduit à la cruelle nécessité de perdre leur amitié, qui nous est précieuse, ou de manquer à la foi du secret. Cet état est sans doute la plus rude épreuve de la fidélité; mais il ne doit pas ébranler un honnête homme : c'est alors qu'il lui est permis de se préférer aux autres. Son premier devoir est de conserver indispensablement ce dépôt en son entier. Il doit non seulement ménager ses paroles et ses tons, il doit encore ménager ses conjectures, et ne laisser rien voir dans ses discours ni dans son air, qui puisse tourner l'esprit des autres vers ce qu'il ne veut pas dire.

On a souvent besoin de force et de prudence pour les opposer à la tyrannie de la plupart de nos amis, qui se font un droit sur notre confiance, et qui veulent tout savoir de nous : on ne doit jamais leur laisser établir ce droit sans exception. Il y a des rencontres et des circonstances qui ne sont pas de leur juridiction ; s'ils s'en plaignent, on doit souffrir leurs plaintes, et s'en justifier avec douceur : mais s'ils demeurent injustes, on doit sacrifier leur amitié à son devoir, et choisir entre deux maux inévitables, dont l'un se peut réparer, et l'autre est sans remède.

II.

DE LA DIFFÉRENCE DES ESPRITS.

Bien que toutes les qualités de l'esprit se puissent rencontrer dans un grand génie, il y en a néanmoins qui lui sont propres et particulières ; ses lumières n'ont point de bornes ; il agit toujours également et avec la même activité ; il discerne les objets éloignés comme s'ils étaient présents ; il comprend, il imagine les plus grandes choses ; il voit et connaît les plus petites ; ses pensées sont relevées, étendues, justes et intelligibles : rien n'échappe à sa pénétration, et elle lui fait souvent découvrir la vérité au travers des obscurités qui la cachent aux autres.

Un bel esprit pense toujours noblement ; il produit avec facilité des choses claires, agréables et naturelles ; il les fait voir dans leur plus beau jour, et il les pare de tous les ornements qui leur conviennent ; il entre dans le goût des autres, et retranche de ses pensées ce qui est inutile, ou ce qui peut déplaire.

Un esprit adroit, facile, insinuant, sait éviter et surmonter les difficultés. Il se plie aisément à ce qu'il veut, il sait connaître l'esprit et l'humeur de ceux avec qui il traite ; et en ménageant leurs intérêts, il avance et il établit les siens.

Un bon esprit voit toutes choses comme elles doivent être vues ; il leur donne le prix qu'elles méritent, il les fait tourner du côté qui lui est le plus avantageux, et il s'attache avec fermeté à ses pensées, parce qu'il en connaît toute la force et toute la raison.

Il y a de la différence entre un esprit utile et un esprit d'affaires; on peut entendre les affaires, sans s'appliquer à son intérêt particulier: il y a des gens habiles dans tout ce qui ne les regarde pas, et très malhabiles dans tout ce qui les regarde; et il y en a d'autres au contraire qui ont une habileté bornée à ce qui les touche, et qui savent trouver leur avantage en toutes choses.

On peut avoir tout ensemble un air sérieux dans l'esprit, et dire souvent des choses agréables et enjouées. Cette sorte d'esprit convient à toutes personnes et à tous les âges de la vie. Les jeunes gens ont d'ordinaire l'esprit enjoué et moqueur, sans l'avoir sérieux; et c'est ce qui les rend souvent incommodes.

Rien n'est plus aisé à soutenir que le dessein d'être toujours plaisant; et les applaudissements qu'on reçoit quelquefois, en divertissant les autres, ne valent pas que l'on s'expose à la honte de les ennuyer souvent, quand ils sont de méchante humeur.

La moquerie est une des plus agréables et des plus dangereuses qualités de l'esprit. Elle plaît toujours quand elle est délicate, mais on craint aussi toujours ceux qui s'en servent trop souvent. La moquerie peut néanmoins être permise quand elle n'est mêlée d'aucune malignité, et quand on y fait entrer les personnes mêmes dont on parle.

Il est malaisé d'avoir un esprit de raillerie sans affecter d'être plaisant, ou sans aimer à se moquer : il faut une grande justesse pour railler long-temps sans tomber dans l'une ou l'autre de ces extrémités.

La raillerie est un air de gaîté qui remplit l'imagination, et qui lui fait voir en ridicule les objets qui se présentent : l'humeur y mêle plus ou moins de douceur ou d'âpreté.

Il y a une manière de railler, délicate

et flatteuse, qui touche seulement les défauts que les personnes dont on parle veulent bien avouer, qui sait déguiser les louanges qu'on leur donne sous des apparences de blâme, et qui découvre ce qu'elles ont d'aimable, en feignant de le vouloir cacher.

Un esprit fin et un esprit de finesse sont très différents. Le premier plaît toujours ; il est délié, il pense des choses délicates, et voit les plus imperceptibles : un esprit de finesse ne va jamais droit ; il cherche des biais et des détours pour faire réussir ses desseins. Cette conduite est bientôt découverte ; elle se fait toujours craindre, et ne mène presque jamais aux grandes choses.

Il y a quelque différence entre un esprit de feu et un esprit brillant : un esprit de feu va plus loin et avec plus de rapidité. Un esprit brillant a de la vivacité, de l'agrément et de la justesse.

La douceur de l'esprit est un air facile et accommodant, et qui plaît toujours quand il n'est point fade.

Un esprit de détail s'applique avec de l'ordre et de la règle à toutes les particularités des sujets qu'on lui présente. Cette application le renferme d'ordinaire à de petites choses; elle n'est pas néanmoins toujours incompatible avec de grandes vues; et quand ces deux qualités se trouvent ensemble dans un même esprit, elles l'élèvent infiniment au-dessus des autres.

On a abusé du terme de *bel esprit*; et bien que tout ce qu'on vient de dire des différentes qualités de l'esprit puisse convenir à un bel esprit, néanmoins, comme ce titre a été donné à un nombre infini de mauvais poëtes et d'auteurs ennuyeux, on s'en sert plus souvent pour tourner les gens en ridicule que pour les louer.

Bien qu'il y ait plusieurs épithètes pour l'esprit, qui paraissent une même chose, le ton et la manière de les prononcer y mettent de la différence : mais, comme les tons et les manières ne se peuvent écrire, je n'entrerai point dans un détail qu'il serait impossible de bien expliquer. L'usage ordinaire le fait assez entendre; et en disant qu'un homme a de l'esprit, qu'il a beaucoup d'esprit, et qu'il a un bon esprit, il n'y a que les tons et les manières qui puissent mettre de la différence entre ces expressions, qui paraissent semblables sur le papier, et qui expriment néanmoins différentes sortes d'esprit.

On dit encore qu'un homme n'a qu'une sorte d'esprit, qu'il a de plusieurs sortes d'esprit, et qu'il a toutes sortes d'esprit.

On peut être sot avec beaucoup d'esprit, et on peut n'être pas sot avec peu d'esprit.

Avoir beaucoup d'esprit est un terme équivoque. Il peut comprendre toutes les sortes d'esprit dont on vient de parler : mais il peut aussi n'en marquer aucune distinctement. On peut quelquefois faire paraître de l'esprit dans ce qu'on dit, sans en avoir dans sa conduite. On peut avoir de l'esprit, et l'avoir borné. Un esprit peut être propre à de certaines choses, et ne l'être pas à d'autres : on peut avoir beaucoup d'esprit, et n'être propre à rien; et avec beaucoup d'esprit on est souvent fort incommode. Il semble néanmoins que le plus grand mérite de cette sorte d'esprit est de plaire quelquefois dans la conversation.

Bien que les productions d'esprit soient infinies, on peut, ce me semble, les distinguer de cette sorte :

Il y a des choses si belles, que tout le monde est capable d'en voir et d'en sentir la beauté.

Il y en a qui ont de la beauté, et qui ennuient.

Il y en a qui sont belles, et que tout le monde sent, bien que tous n'en sachent pas la raison.

Il y en a qui sont si fines et si délicates, que peu de gens sont capables d'en remarquer toutes les beautés.

Il y en a d'autres qui ne sont pas parfaites, mais qui sont dites avec tant d'art, et qui sont soutenues et conduites avec tant de raison et tant de grace, qu'elles méritent d'être admirées.

III.

DES GOÛTS.

Il y a des personnes qui ont plus d'esprit que de goût, et d'autres qui ont plus de goût que d'esprit. Il y a plus de variété et de caprice dans le goût que dans l'esprit.

Ce terme de *goût* a diverses significations, et il est aisé de s'y méprendre. Il y a différence entre le goût qui nous porte vers les choses, et le goût qui en fait connaître et discerner les qualités en nous attachant aux règles.

On peut aimer la comédie sans avoir le goût assez fin et assez délicat pour en bien juger; et on peut avoir le goût assez bon pour bien juger de la comédie sans l'aimer. Il y a des goûts qui nous approchent imperceptiblement de ce qui se montre à nous, et d'autres nous entraînent par leur force ou par leur durée.

Il y a des gens qui ont le goût faux en tout, d'autres ne l'ont faux qu'en de certaines choses; et ils l'ont droit et juste dans tout ce qui est de leur portée. D'autres ont des goûts particuliers, qu'ils connaissent mauvais, et ne laissent pas de les suivre. Il y en a qui ont le goût incertain; le hasard en décide : ils changent par légèreté, et sont touchés de plaisir ou d'ennui sur la parole de leurs amis. D'autres sont toujours prévenus; ils sont esclaves de tous leurs goûts, et les respectent en toutes choses. Il y en a qui sont sensibles à ce qui est bon, et choqués de ce qui ne l'est pas : leurs vues sont nettes et justes, et ils trouvent la raison de leur goût dans leur esprit et dans leur discernement.

Il y en a qui, par une sorte d'instinct, dont ils ignorent la cause, décident de ce qui se présente à eux, et prennent toujours le bon parti. Ceux-ci font paraître plus de goût que d'esprit, parce que leur amour-propre et leur humeur ne prévalent point sur leurs lumières naturelles. Tout agit de concert en eux, tout y est sur un même ton. Cet accord les fait juger sainement des objets, et leur en forme une idée véritable: mais, à parler généralement, il y a peu de gens qui aient le goût fixe et indépendant de celui des autres; ils suivent l'exemple et la coutume, et ils en empruntent presque tout ce qu'ils ont de goût.

Dans toutes ces différences de goûts qu'on vient de marquer, il est très rare, et presque impossible, de rencontrer cette sorte de bon goût qui sait donner le prix à chaque chose, qui en connaît toute la valeur, et qui se porte généralement sur tout. Nos connaissances sont trop bornées, et cette juste disposition de qualités qui font bien juger, ne se maintient d'ordinaire que sur ce qui ne nous regarde pas directement.

Quand il s'agit de nous, notre goût n'a plus cette justesse si nécessaire; la préoccupation la trouble; tout ce qui a du rapport à nous, paraît sous une autre figure. Personne ne voit des mêmes yeux ce qui le touche, et ce qui ne le touche pas. Notre goût n'est conduit alors que par la pente de l'amour-propre et de l'humeur, qui nous fournissent des vues nouvelles, et nous assujettissent à un nombre infini de changements et d'incertitudes. Notre goût n'est plus à nous, nous n'en disposons plus. Il change sans notre consentement; et les mêmes objets nous paraissent par tant de côtés différents, que nous méconnaissons enfin ce que nous avons vu et ce que nous avons senti.

IV.

DE LA SOCIÉTÉ.

Mon dessein n'est pas de parler de l'amitié en parlant de la société; bien qu'elles aient quelque rapport, elles sont néanmoins très différentes : la première a plus d'élévation et d'humilité, et le plus grand mérite de l'autre est de lui ressembler.

Je ne parlerai donc présentement que du commerce particulier que les honnêtes gens doivent avoir ensemble. Il serait inutile de dire combien la société est nécessaire aux hommes; tous la désirent, et tous la cherchent: mais peu se servent des moyens de la rendre agréable et de la faire durer.

Chacun veut trouver son plaisir et ses avantages aux dépens des autres. On se préfère toujours à ceux avec qui on se propose de vivre, et on leur fait presque toujours sentir cette préférence; c'est ce qui trouble et ce qui détruit la société. Il faudrait du moins savoir cacher ce désir de préférence, puisqu'il est trop naturel en nous pour nous en pouvoir défaire. Il faudrait faire son plaisir de celui des autres, ménager leur amour-propre, et ne le blesser jamais.

L'esprit a beaucoup de part à un si grand ouvrage; mais il ne suffit pas seul pour nous conduire dans les divers chemins qu'il faut tenir. Le rapport qui se rencontre entre les esprits ne maintiendrait pas long-temps la société, si elle n'était réglée et soutenue par le bon sens, par l'humeur, et par les égards qui doivent être entre les personnes qui veulent vivre ensemble.

S'il arrive quelquefois que des gens opposés d'humeur et d'esprit paraissent unis, ils tiennent sans doute par des raisons étrangères, qui ne durent pas long-temps. On peut être aussi en société avec des personnes sur qui nous avons de la supériorité par la naissance, ou par des qualités personnelles; mais ceux qui ont cet avantage n'en doivent pas abuser; ils doivent rarement le faire sentir, et ne s'en servir que pour instruire les autres. Ils doivent leur faire apercevoir qu'ils ont besoin d'être conduits, et les mener par la raison, en s'accommodant, autant qu'il est possible, à leurs sentiments et à leurs intérêts.

Pour rendre la société commode, il faut que chacun conserve sa liberté. Il ne faut point se voir, ou se voir sans sujétion, et pour se divertir ensemble. Il faut pouvoir se séparer sans que cette séparation apporte de changement. Il faut se pouvoir passer les uns des autres, si on ne veut pas s'exposer à embarrasser quelquefois; et on doit se souvenir qu'on incommode souvent, quand on croit ne pouvoir jamais incommoder. Il faut contribuer autant qu'on le peut au divertissement des personnes avec qui on veut vivre, mais il ne faut pas être toujours chargé du soin d'y contribuer.

La complaisance est nécessaire dans la société, mais elle doit avoir des bornes : elle devient une servitude quand elle est excessive. Il faut du moins qu'elle paraisse libre, et qu'en suivant le sentiment de nos amis, ils soient persuadés que c'est le nôtre aussi que nous suivons.

Il faut être facile à excuser nos amis, quand leurs défauts sont nés avec eux, et qu'ils sont moindres que leurs bonnes qualités. Il faut souvent éviter de leur faire voir qu'on les ait remarqués, et qu'on en soit choqué. On doit essayer de faire en sorte qu'ils puissent s'en apercevoir eux-mêmes, pour leur laisser le mérite de s'en corriger.

Il y a une sorte de politesse qui est nécessaire dans le commerce des honnêtes gens : elle leur fait entendre raillerie, et elle les empêche d'être choqués, et de choquer les autres par de certaines façons de parler trop sèches et trop dures, qui échappent souvent sans y penser quand on soutient son opinion avec chaleur.

Le commerce des honnêtes gens ne peut subsister sans une certaine sorte de confiance ; elle doit être commune entre eux; il faut que chacun ait un air de sûreté et de discrétion qui ne donne jamais lieu de craindre qu'on puisse rien dire par imprudence.

Il faut de la variété dans l'esprit ; ceux qui n'ont que d'une sorte d'esprit, ne peuvent pas plaire long-temps : on peut prendre des routes diverses, n'avoir pas les mêmes talents, pourvu qu'on aide au plaisir de la société, et qu'on y observe la même justesse que les différentes voix et les divers instruments doivent observer dans la musique.

Comme il est malaisé que plusieurs personnes puissent avoir les mêmes intérêts, il est nécessaire, au moins pour la douceur de la société, qu'ils n'en aient pas de contraires.

On doit aller au-devant de ce qui peut plaire à ses amis, chercher les moyens de leur être utile, leur épargner des chagrins, leur faire voir qu'on les partage avec eux, quand on ne peut les détourner, les effacer insensiblement sans prétendre de les arracher tout d'un coup, et mettre à la place des objets agréables, ou du moins qui les occupent. On peut leur parler de choses qui les regardent, mais ce n'est qu'autant qu'ils le permettent, et on y doit garder beaucoup de mesure. Il y a de la politesse, et quelquefois même de l'humanité, à ne pas entrer trop avant dans les replis de leur cœur ; ils ont souvent de la peine à laisser voir tout ce qu'ils en connaissent, et ils en ont encore davantage quand on pénètre ce qu'ils ne connaissent pas bien. Que le commerce que les honnêtes gens ont ensemble leur donne de la familiarité, et leur fournisse un nombre infini de sujets de se parler sincèrement.

Personne presque n'a assez de docilité et de bon sens pour bien recevoir plusieurs avis qui sont nécessaires pour maintenir la société. On veut être averti jusqu'à un certain point, mais on né veut pas l'être en toutes choses, et on craint de savoir toutes sortes de vérités.

Comme on doit garder des distances pour voir les objets, il en faut garder aussi pour la société ; chacun a son point de vue, d'où il veut être regardé. On a raison le plus souvent de ne vouloir pas être éclairé de trop près ; et il n'y a presque point d'homme qui veuille en toutes choses se laisser voir tel qu'il est.

V.

DE LA CONVERSATION.

Ce qui fait que peu de personnes sont agréables dans la conversation, c'est que chacun songe plus à ce qu'il a dessein de dire, qu'à ce que les autres disent, et que l'on n'écoute guère quand on a bien envie de parler.

Néanmoins il est nécessaire d'écouter

ceux qui parlent. Il faut leur donner le temps de se faire entendre, et souffrir même qu'ils disent des choses inutiles. Bien loin de les contredire et de les interrompre, on doit au contraire entrer dans leur esprit et dans leur goût, montrer qu'on les entend, louer ce qu'ils disent autant qu'il mérite d'être loué, et faire voir que c'est plutôt par choix qu'on les loue, que par complaisance.

Pour plaire aux autres, il faut parler de ce qu'ils aiment et de ce qui les touche, éviter les disputes sur des choses indifférentes, leur faire rarement des questions, et ne leur laisser jamais croire qu'on prétend avoir plus de raison qu'eux.

On doit dire les choses d'un air plus ou moins sérieux, et sur des sujets plus ou moins relevés, selon l'humeur et la capacité des personnes que l'on entretient, et leur céder aisément l'avantage de décider, sans les obliger de répondre, quand ils n'ont pas envie de parler.

Après avoir satisfait de cette sorte aux devoirs de la politesse, on peut dire ses sentiments, en montrant qu'on cherche à les appuyer de l'avis de ceux qui écoutent, sans marquer de présomption ni d'opiniâtreté.

Évitons surtout de parler souvent de nous-mêmes, et de nous donner pour exemple. Rien n'est plus désagréable qu'un homme qui se cite lui-même à tout propos.

On ne peut aussi apporter trop d'application à connaître la pente et la portée de ceux à qui l'on parle, pour se joindre à l'esprit de celui qui en a le plus, sans blesser l'inclination ou l'intérêt des autres par cette préférence.

Alors on doit faire valoir toutes les raisons qu'il a dites, ajoutant modestement nos propres pensées aux siennes, et lui faisant croire autant qu'il est possible que c'est de lui qu'on les prend.

Il ne faut jamais rien dire avec un air d'autorité, ni montrer aucune supériorité d'esprit. Fuyons les expressions trop recherchées, les termes durs ou forcés, et ne nous servons point de paroles plus grandes que les choses.

Il n'est pas défendu de conserver ses opinions, si elles sont raisonnables. Mais il faut se rendre à la raison aussitôt qu'elle paraît, de quelque part qu'elle vienne ; elle seule doit régner sur nos sentiments : mais suivons-la sans heurter les sentiments des autres, et sans faire paraître du mépris de ce qu'ils ont dit.

Il est dangereux de vouloir être toujours le maître de la conversation, et de pousser trop loin une bonne raison quand on l'a trouvée. L'honnêteté veut que l'on cache quelquefois la moitié de son esprit, et qu'on ménage un opiniâtre qui se défend mal, pour lui épargner la honte de céder.

On déplaît sûrement quand on parle trop long-temps et trop souvent d'une même chose, et que l'on cherche à détourner la conversation sur des sujets dont on se croit plus instruit que les autres. Il faut entrer indifféremment sur tout ce qui leur est agréable, s'y arrêter autant qu'ils le veulent, et s'éloigner de tout ce qui ne leur convient pas.

Toute sorte de conversation, quelque

spirituelle qu'elle soit, n'est pas également propre à toutes sortes de gens d'esprit. Il faut choisir ce qui est de leur goût, et ce qui est convenable à leur condition, à leur sexe, à leurs talents, et choisir même le temps de le dire.

Observons le lieu, l'occasion, l'humeur où se trouvent les personnes qui nous écoutent : car s'il y a beaucoup d'art à savoir parler à propos, il n'y en a pas moins à savoir se taire. Il y a un silence éloquent qui sert à approuver et à condamner ; il y a un silence de discrétion et de respect. Il y a enfin des tons, des airs et des manières, qui font tout ce qu'il y a d'agréable ou de désagréable, de délicat ou de choquant dans la conversation.

Mais le secret de s'en bien servir est donné à peu de personnes. Ceux même qui en font des règles s'y méprennent souvent ; et la plus sûre qu'on en puisse donner, c'est : écouter beaucoup, parler peu, et ne rien dire dont on puisse avoir sujet de se repentir.

DE LA CONVERSATION (1).

Ce qui fait que si peu de personnes sont agréables dans la conversation, c'est que chacun songe plus à ce qu'il veut dire, qu'à ce que les autres disent. Il faut écouter ceux qui parlent, si on veut être écouté ; il faut leur laisser la liberté de se faire entendre, et même de dire des choses inutiles. Au lieu de les contraindre et de les interrompre, comme on fait souvent, on doit, au contraire, entrer dans leur esprit et dans leur goût, montrer qu'on les entend, leur parler de ce qui les touche, louer ce qu'ils disent, autant qu'il mérite d'être loué, et faire voir que c'est plus par choix qu'on les loue, que par complaisance.

Il faut éviter de contester sur des choses indifférentes, faire rarement des questions inutiles, ne laisser jamais croire qu'on prétend avoir plus de raison que les autres, et céder aisément l'avantage de décider.

---

(1) Nous croyons utile de donner ici cette seconde leçon du morceau qu'on vient de lire. Elle se trouve dans l'édition de M. Fortia.

On doit dire des choses naturelles, faciles, et plus ou moins sérieuses, selon l'humeur ou l'inclination des personnes que l'on entretient; ne les presser pas d'approuver ce qu'on dit, ni même d'y répondre.

Quand on a satisfait de cette sorte aux devoirs de la politesse, on peut dire ses sentiments sans prévention et sans opiniâtreté, en faisant paraître qu'on cherche à les appuyer de l'avis de ceux qui écoutent.

Il faut éviter de parler long-temps de soi-même, et de se donner souvent pour exemple. On ne saurait avoir trop d'application à connaître la pente et la pensée de ceux à qui on parle, pour se joindre à l'esprit de celui qui en a le plus, et pour ajouter ses pensées aux siennes, en lui faisant croire, autant qu'il est possible, que c'est de lui qu'on les prend.

Il y a de l'habileté à n'épuiser pas les sujets qu'on traite, et à laisser toujours aux autres quelque chose à penser et à dire.

On ne doit jamais parler avec des airs d'autorité, ni se servir de paroles ni de termes plus grands que les choses. On peut conserver ses opinions, si elles sont raisonnables; mais en les conservant, il ne faut jamais blesser les sentiments des autres, ni paraître choqué de ce qu'ils ont dit.

Il est dangereux de vouloir être toujours le maître de la conversation, et de parler trop souvent de la même chose. On doit entrer indifféremment sur les sujets agréables qui se présentent, et ne faire jamais voir qu'on veut entraîner la conversation sur ce qu'on a envie de dire.

Il est nécessaire d'observer que toute sorte de conversation, quelque honnête et quelque spirituelle qu'elle soit, n'est pas également propre à toute sorte d'honnêtes gens ; il faut choisir ce qui convient à chacun, et choisir même le temps de le dire.

Mais s'il y a beaucoup d'art à parler, il n'y en a pas moins à se taire. Il y a un silence éloquent ; il sert quelquefois à approuver et à condamner ; il y a un silence moqueur ; il y a un silence respectueux.

Il y a des airs, des tours et des manières qui font souvent ce qu'il y a d'agréable ou de désagréable, de délicat ou de choquant dans la conversation. Le secret de s'en bien servir est donné à peu de personnes ; ceux même qui en font des règles, s'y méprennent quelquefois ;

la plus sûre, à mon avis, c'est de n'en point avoir qu'on ne puisse changer, de laisser plutôt voir des négligences dans ce qu'on dit, que de l'affectation, d'écouter, de ne parler guère, de ne se forcer jamais à parler.

VI.

DU FAUX.

On est faux en différentes manières. Il y a des hommes faux qui veulent toujours paraître ce qu'ils ne sont pas. Il y en a d'autres de meilleure foi, qui sont nés faux, qui se trompent eux-mêmes, et qui ne voient jamais les choses comme elles sont. Il y en a dont l'esprit est droit et le goût faux; d'autres ont l'esprit faux, et quelque droiture dans le goût; et il y en a qui n'ont rien de faux dans le goût ni dans l'esprit. Ceux-ci sont très rares, puisqu'à parler généralement, il n'y a personne qui n'ait de la fausseté dans quelque endroit de l'esprit ou du goût.

Ce qui fait cette fausseté si universelle, c'est que nos qualités sont incertaines et confuses, et que nos goûts le sont aussi. On ne voit point les choses précisément comme elles sont; on les estime plus ou moins qu'elles ne valent, et on ne les fait point rapporter à nous en la manière qui leur convient, et qui convient à notre état et à nos qualités.

Ce mécompte met un nombre infini de faussetés dans le goût et dans l'esprit; notre amour-propre est flatté de tout ce qui se présente à nous sous les apparences du bien.

Mais comme il y a plusieurs sortes de biens qui touchent notre vanité ou notre tempérament, on les suit souvent par coutume ou par commodité. On les suit parce que les autres les suivent, sans considérer qu'un même sentiment ne doit pas être également embrassé par toutes sortes de personnes, et qu'on s'y doit attacher plus ou moins fortement, selon qu'il convient plus ou moins à ceux qui le suivent.

On craint encore plus de se montrer faux par le goût que par l'esprit. Les homnêtes gens doivent approuver sans prévention ce qui mérite d'être approuvé, suivre ce qui mérite d'être suivi, et ne se piquer de rien ; mais il y faut une grande proportion et une grande justesse. Il faut savoir discerner ce qui est bon en général, et ce qui nous est propre, et suivre alors avec raison la pente naturelle qui nous porte vers les choses qui nous plaisent.

Si les hommes ne voulaient exceller que par leurs propres talents, et en suivant leurs devoirs, il n'y aurait rien de faux dans leur goût et dans leur conduite : ils se montreraient tels qu'ils sont; ils jugeraient des choses par leurs lumières, et s'y attacheraient par raison. Il y aurait de la proportion dans leurs vues, dans leurs sentiments : leur goût serait vrai, il viendrait d'eux, et non pas des autres ; et ils le suivraient par choix, et non pas par coutume et par hasard. Si on est faux en approuvant ce qui ne doit pas être approuvé, on ne l'est pas moins le plus souvent par l'envie de se faire valoir par des qualités qui sont bonnes de soi, mais qui ne nous conviennent pas. Un magistrat est faux quand il se pique d'être brave, bien qu'il puisse être hardi dans de certaines rencontres. Il doit être ferme et assuré dans une sédition qu'il a droit d'apaiser, sans craindre d'être faux, et il serait faux et ridicule de se battre en duel.

Une femme peut aimer les sciences ; mais toutes les sciences ne lui conviennent pas : et l'entêtement de certaines sciences ne lui convient jamais, et est toujours faux.

Il faut que la raison et le bon sens mettent le prix aux choses, et qu'elles déterminent notre goût à leur donner le rang qu'elles méritent, et qu'il nous convient de leur donner. Mais presque tous les hommes se trompent dans ce prix et dans ce rang; et il y a toujours de la fausseté dans ce mécompte.

VII.

DE L'AIR ET DES MANIÈRES.

Il y a un air qui convient à la figure et

aux talents de chaque personne : on perd toujours quand on le quitte pour en prendre un autre.

Il faut essayer de connaître celui qui nous est naturel, n'en point sortir, et le perfectionner autant qu'il nous est possible.

Ce qui fait que la plupart des petits enfants plaisent, c'est qu'ils sont encore renfermés dans cet air et dans ces manières que la nature leur a donnés, et qu'ils n'en connaissent point d'autres. Ils les changent et les corrompent quand ils sortent de l'enfance ; ils croient qu'il faut imiter ce qu'ils voient, et ils ne le peuvent parfaitement imiter ; il y a toujours quelque chose de faux et d'incertain dans cette imitation. Ils n'ont rien de fixe dans leurs manières ni dans leurs sentiments ; au lieu d'être en effet ce qu'ils veulent paraître, ils cherchent à paraître ce qu'ils ne sont pas.

Chacun veut être un autre, et n'être plus ce qu'il est ; ils cherchent une contenance hors d'eux-mêmes, et un autre esprit que le leur ; ils prennent des tons et des manières au hasard ; ils en font des expériences sur eux, sans considérer que ce qui convient à quelques-uns, ne convient pas à tout le monde, qu'il n'y a point de règle générale pour les tons et pour les manières, et qu'il n'y a point de bonnes copies.

Deux hommes néanmoins peuvent avoir du rapport en plusieurs choses, sans être copie l'un de l'autre, si chacun suit son naturel; mais personne presque ne le suit entièrement : on aime à imiter. On imite souvent, même sans s'en apercevoir, et on néglige ses propres biens pour des biens étrangers, qui d'ordinaire ne nous conviennent pas.

Je ne prétends pas par ce que je dis, nous renfermer tellement en nous-mêmes, que nous n'ayons pas la liberté de suivre des exemples, et de joindre à nous des qualités utiles ou nécessaires, que la nature ne nous a pas données. Les arts et les sciences conviennent à la plupart de ceux qui s'en rendent capables. La bonne grace et la politesse conviennent à tout le monde; mais ces qualités acquises doivent avoir un certain rapport, et une certaine union avec nos propres qualités, qui les étende et les augmente imperceptiblement.

Nous sommes élevés à un rang et à des dignités au-dessus de nous; nous sommes souvent engagés dans une profession nouvelle, où la nature ne nous avait pas destinés. Tous ces états ont chacun un air qui leur convient, mais qui ne convient pas toujours avec notre air naturel. Ce changement de notre fortune change souvent notre air et nos manières, et y ajoute l'air de la dignité, qui est toujours faux quand il est trop marqué, et qu'il n'est pas joint et confondu avec l'air que la nature nous a donné. Il faut les unir et les mêler ensemble, et faire en sorte qu'ils ne paraissent jamais séparés.

On ne parle pas de toutes choses sur un même ton, et avec les mêmes manières. On ne marche pas à la tête d'un régiment, comme on marche en se promenant. Mais il faut qu'un même air nous fasse dire naturellement des choses différentes, et qu'il nous fasse marcher différemment, mais toujours naturellement et comme il convient de marcher à la tête d'un régiment et à une promenade.

Il y en a qui ne se contentent pas de renoncer à leur air propre et naturel pour suivre celui du rang et des dignités où ils sont parvenus. Il y en a même qui prennent par avance l'air des dignités et du rang où ils aspirent. Combien de lieutenants-généraux apprennent à être maréchaux de France! combien de gens de robe répètent inutilement l'air de chancelier, et combien de bourgeoises se donnent l'air de duchesse!

Ce qui fait qu'on déplaît souvent, c'est que personne ne sait accorder son air et ses manières avec sa figure, ni ses tons et ses paroles avec ses pensées et ses sentiments : on s'oublie soi-même, et on s'en éloigne insensiblement ; tout le monde presque tombe par quelque endroit dans ce défaut; personne n'a l'oreille assez juste pour entendre parfaitement cette sorte de cadence.

Mille gens déplaisent avec des qualités aimables ; mille gens plaisent avec de moindres talents. C'est que les uns veulent paraître ce qu'ils ne sont pas, les autres sont ce qu'ils paraissent ; et enfin, quelques avantages ou quelques désavantages que nous ayons reçus de la nature, on plaît à proportion de ce qu'on suit l'air, les tons, les manières et les sentiments qui conviennent à notre état et à notre figure, et on déplaît à proportion de ce qu'on s'en éloigne.

FIN DES RÉFLEXIONS DIVERSES.

TABLE

DES MATIÈRES

CONTENUES

DANS LES RÉFLEXIONS OU SENTENCES ET MAXIMES MORALES DE LA ROCHEFOUCAULD.

Les chiffres marquent les numéros des Pensées ; ceux précédés de la lettre R, les numéros des Réflexions.

A.

Accent du pays, 342.
Accidents malheureux, heureux, 59.
Actions, 7, 57, 58, 160, 161, 382, 409.
Adroit (Esprit), R. 2.
Affaires, 453, R. 12.
Affectation, 134.
Afflictions, 232, 355, 362.
Ages de la vie, 405.
Agrément, 240, 255, R. 5.

Air, 399, 393, 495, R. 7.
Amants, 312, 362, 396, 471.
Ambition, 24, 91, 246, 293, 490.
Ame, 80, 188, 194.
Ami, R. 1, *voyez* AMITIÉ.
Amitié, 80, 81, 82, 83, 84, 85, 88, 96, 114, 179, 235, 279, 286, 294, 296, 321, 410, 434, 440, 441, 473, R. 4.
Amour, 68, 69, 70, 71, 72, 73, 74, 75, 76, 77, 83, 111, 131, 136, 175, 176, 259, 262, 374, 385, 396, 417, 418, 440, 441, 473, 490, 501.
Amour-propre, 2, 3, 4, 46, 48, 143, 228, 236, 247, 261, 262, 386, 494, 500.
Application, 41, 243.
Approbation, 51, 280.
Avarice, 167, 491, 492.
Avidité, 66.

B.

BEAUTÉ, 240, 497, R. 2.
Bel esprit, R. 2.
Belles actions, 432.
Bien, 121, 301, 339, 365, 454, 464.
Bienfaits, 14, 299, 301.
Bienséance, 447.
Bon esprit, R. 2.

Bon goût, 258, R. 3.
Bonheur, 49, 61.
Bon sens, 67, 347.
Bonne grace, 67, R. 7.
Bonté, 236, 237, 387, 481.
Bouts-rimés, 382.
Bravoure, *voyez* VALEUR.
Brillant (Esprit), R. 2.

C.

Chasteté, 1.
Citer, celui qui se cite à tout propos, R. 5.
Civilité, 260.
Clémence des princes, 15, 16.
Cœur, 43, 98, 102, 103, 108, 346, 478.
Comédie, R. 3.
Commerce des honnêtes gens, R. 4.
Compassion de nos ennemis, 463.
Complaisance, R. 4.
Conduite, 163, 227.
Confiance, 239, 365, 421, 475, R. 1, 4.
Confidences, R. 1.
Connaissances, 106, 295, 436, 482.
Conseils, 110, 116, 283, 378.
Consolation, 325.
Constance, 19, 20, 21, 175, 176, 420.
Conter, 313.

Contrariétés, 478.
Conversation, 139, 421, R. 5.
Coquetterie, 107, 241, 277, 332, 334, 349, 376, 416, 418.
Corps, 222.
Crimes, 183, 197, 465.
Croire le mal, 197, 267.
Curiosité de diverses sortes, 173.

D.

Défauts, 31, 90, 112, 155, 184, 190, 194, 202, 251, 327, 354, 397, 411, 424, 428, 442, 493, 498, R. 2, 4.
Défiance, 86, 315, 366.
Dégoût, 155, 211.
Déguisement, 119, 246, 282.
Délicatesse, 128, R. 2.
Demi-confidences, R. 1.
Dépendance qui résulte de la confiance, R. 1.
Désirs, 439, 469.
Desseins, 160, 161.
Détail (esprit de), R. 2.
Détourner la conversation, R. 5.
Dévotion, les dévots en dégoûtent, 427.
Dignités, R. 7.
Dire, comment il faut dire les choses, R. 5.
Discrétion, R. 5.

Docilité, R. 4.
Douceur, 479, R. 2.
Douter, 355.
Droiture, 502.
Dupes, 87.

E.

Échange de secrets, R. 1.
Écouter, il faut savoir écouter, R. 5.
Éducation, 461.
Élévation, 399, 400, 401, 403.
Éloquence, 8, 249, 250, 258.
Emplois, 164, 419, 449.
Enfants (petits), R. 7.
Ennemis, 463.
Ennui, 141, 172, 304.
— Pourquoi les amants ne s'ennuient point, 312.
— Avec qui s'ennuie-t-on presque toujours ? 352.
— Belles choses qui ennuient, R. 2.
Envie, 27, 28, 280, 281, 328, 376, 433, 476, 486.
Épithètes, données à l'esprit, R. 2.
Espérance, 123, 168, 492.
Esprit, 43, 44, 80, 97, 98, 99, 100, 101, 102, 103, 108, 112, 140, 142, 174, 222, 265,

287, 290, 340, 346, 357, 375, 404, 413, 415, 421, 448, 456, 482, 487, 502, R. 2, 3, 4, 6.

Estime, 452.

Établir, 56.

État, chacun a un air qui lui convient, R. 7.

Étonnement, 384.

Exemple, 230.

Expédients, 287.

Expressions recherchées, R. 5.

F.

Faiblesse, 120, 130, 316, 445, 481.

Familiarité, R. 4.

Faussetés déguisées, 282.

Fautes, 37, 196, 494.

Faux (goût), R. 3, 6.

Favoris, 55.

Félicité, 488.

Femmes, 131, 204, 205, 220, 241, 277, 332, 333, 334, 340, 346, 362, 367, 368, 418, 429, 440, 466, 471, 474.

Fermeté, 477, 479.

Fidélité, 247, 331, 381.

Figure, air qui lui convient, R. 7.

Finesse, 117, 124, 125, 126, 127, 350, 394, 407, R. 2.

Flatterie, 123, 144, 152, 198, 320, 329.
Folie, 207, 209, 210, 231, 300, 319, 318.
Force, 30, 42, 44, 237.
Fortune, 1, 17, 52, 53, 60, 61, 154, 212, 323, 343, 382, 391, 392, 399, 403, 435.

G.

GALANTERIE, 73, 100, 102, 499.
Générosité, n'est souvent qu'une ambition déguisée, 246.
Génie, R. 2.
Gloire, 157, 198, 221, 268.
Glorieux, 307.
Goût, 13, 109, 252, 258, 390, 467, R. 3, 6.
Gouverner, 151.
Grands, 46.
Grands hommes, 343, 504.
Gravité, 257.
Grossier, 129, 372.

H.

HABILE, 129, 350.
Habileté, 59, 199, 208, 244, 245, 269, 283, 288, 404.
Habitude, 426, 482.
Haine, 338.

Hasard, 57.
Héros, 24, 53, 190.
Homme, 43, 87, 104, 436, 437.
Honnête femme, principe de son honnêteté, 205, 367, 368.
Honnête homme, 202, 203, 206, 253.
Honnêteté, 205, R. 5.
Honneur, 270.
Honte, 220, 412, 446.
Humeur, 7, 17, 45, 47, 61, 290, 292, 297, 414, 435, 488, R. 2, 4.
Humilité, 253, 272, 358.
Hypocrisie, sa définition, 218.
— Diverses sortes d'hypocrisie dans nos afflictions, 233.

I.

Illusion, 123.
Imitation, 230, R. 5.
Incommode, 242, 403, R. 2.
Inconstance, 71, 80, 175, 181, 306.
Indiscrétion, 429.
Infidélité, 359, 360, 381, 429.
Infortunes, 174.
Ingratitude, 14, 96, 226, 306, 317.
Injures, 14.
Innocence, 465.

Instinct, R. 3.
Intérêt, 39, 40, 66, 85, 171, 172, 187, 232, 253, 275, 302, 305, 486, R. 4.
Intrépidité, sa définition, 217.

I.

Jalousie, 28, 32, 324, 336, 359, 361, 406, 446, 472, 503.
Jeunesse, 109, 271, 341, 495, 497.
Jeunes gens, 372, 495, R. 2.
Jugement, 82, 97, 268, 456.
Justice, 78, 458.

L.

Larmes, 233, 362, 373.
Légèreté, 179, 498.
Libéralité, 167, 263.
Liberté nécessaire en société, R. 4.
Limites qui doivent être mises à la confiance, R. 1.
Louanges, 143, 144, 145, 146, 147, 148, 149, 150, 198, 237, 272, 320, 356, 432.

M.

MAGISTRAT, R. 6.
Magnanimité, 248, 285.
Mal, 121, 197, 454, 464, (*voyez* MAUX.)

Malheur, 49, 50, 61, 183.
Manières, R. 7.
Mariage, 113.
Maux, 19, 22, 229, 238, 264, 267, 269, 288, 325, 339, (*voyez* Mal.)
Méchants, 284.
Mécompte dans nos jugements, R. 6.
Médisance, 483.
Méfiance, 335.
Mémoire, 89, 313.
Mensonge, 63.
Mépris, 186, 322.
Mépris de la mort, 504.
Mérite, 50, 92, 95, 153, 155, 156, 162, 165, 166, 237, 273, 279, 291, 293, 379, 400, 401, 419, 437, 455, 474.
Mines, elles composent le monde, 356.
Modération, 17, 18, 293, 308, R. 5.
Moquerie, R. 2.
Mort, 21, 23, 26, 504.

N.

Nature, 365.
Naturel, 275, 372, 431, R. 7.
Négociations, 278.
Niais, 208.
Noms illustres, 94.
Nouveauté, 274, 426.

O.

Obligations, 317.
Occasions, 345, 453, 454, 470.
Opiniâtreté, 234, 265.
Opinions, 13, 234, R. 5.
Orgueil, 33, 34, 35, 36, 37, 228, 234, 239, 254, 267, 281, 450, 462, 463, 472.
Ouverture de cœur, R. 1.

P.

Paresse, 169, 266, 267, 398, 482, 487.
Parfait, beautés admirées sans être parfaites, R. 2.
Parler, 137, 138, 139, 142, 314, 315, 364, 383, R. 5.
Passions, 5, 6, 7, 8, 9, 10, 11, 12, 122, 188, 266, 276, 334, 341, 404, 422, 443, 460, 466, 471, 477, 484, 485, 500.
Pénétration, 377, 425.
Persévérance, ce que c'est, 177.
Perspective, 104.
Persuasion, 8.
Peur, 370.
Philosophes, 46, 54, 504.
Philosophie, 22.
Pitié, 264.

Plaire, 413, R. 5.
Plaisant (Esprit), R. 2.
Plaisir, 123.
Point-de-vue, R. 4.
Politesse de l'esprit, 99, 372, R. 5.
Poltronnerie, 215, 370.
Préoccupation, 92, R. 3.
Princes, 15, 320.
Procédé, 170.
Production d'esprit, R. 2.
Professions, 256.
Promesses, 28.
Proportion, R. 6.
Propriétés des hommes, 344.
Prudence, 65, R. 1.

Q.

Qualités, 29, 80, 88, 159, 162, 251, 337, 365, 397, 399, 433, 437, 452, 462, 468, 470, 493, 498, R. 6, 7.
Querelles, 496.

R.

Raillerie, R. 2, 4.
Raison, 42, 105, 325, 365, 467, 469, R. 6.
Réconciliation, 82.

Reconnaissance, 223, 224, 225, 226, 298, 299, 438.
Règles de la conversation, R. 5.
Regrets, ne supposent pas toujours l'affliction, 355.
Remèdes de l'amour, 459.
Remontrances, 37.
Repentir, 180.
Repos, pourquoi nous l'exposons, 268.
Reproches, 148.
Réputation, 268, 412.
Richesses, 54.
Ridicule, 133, 134, 311, 326, 418, 422.

S.

Sagesse, 132, 210, 231, 323.
Sciences, R. 6.
Secret, son importance, R. 1.
Sensibilité, 275, 434, 464.
Sentiments, 255, 319, R. 6.
Sentir, beautés que tout le monde sent, R. 2.
Sévérité, 204, 333.
Signification du mot *goût*, R. 3.
Silence, 79.
Simplicité, 289.
Sincérité, 62, 316, 383, 457, 506, R. 1.
Société, 87, 201, R. 4.

Sortes d'esprit, R. 2.
Sots, 140, 309, 387, 451, 456, R. 2.
Souhaits, 469.
Subtilité, 128.

T.

Talents, 468.
Tempérament, 220, 222, 346.
Temps de parler, R. 5.
Tiédeur, 341.
Timidité, 169, 480.
Titre dont on abuse, R. 2.
Ton, R. 7.
Tort, 386.
Trahison, 120, 126.
Travers, 318.
Tromperie, 86, 87, 114, 115, 116, 117, 118, 127, 129, 201, 395.
Tyrannie de nos amis, R. 1.

V.

VALEUR, 1, 213, 214, 215, 216, 217, 219, 220, 221, 365, 504.
Vanité, 137, 141, 200, 201, 232, 388, 389, 443, 467, 483.
Variété dans l'esprit, R. 4.

DES MATIÈRES. 235

Vaudevilles comparés à certaines gens, 211.
Vérité, 64, 458.
Vertus, 1, 25, 169, 171, 182, 186, 187, 189, 200, 218, 253, 380, 388, 445, 489.
Vices, 182, 186, 187, 189, 191, 192, 195, 218, 253, 273, 380, 445.
Vieillesse, 93, 109, 112, 210, 222, 341, 408, 416, 418, 423, 461.
Vieux fous, 144.
Violence, 363, 369, 466.
Vivacité, 416.
Vogue, 212.
Volonté, 30, 295, 297.

FIN DE LA TABLE DES MATIÈRES.

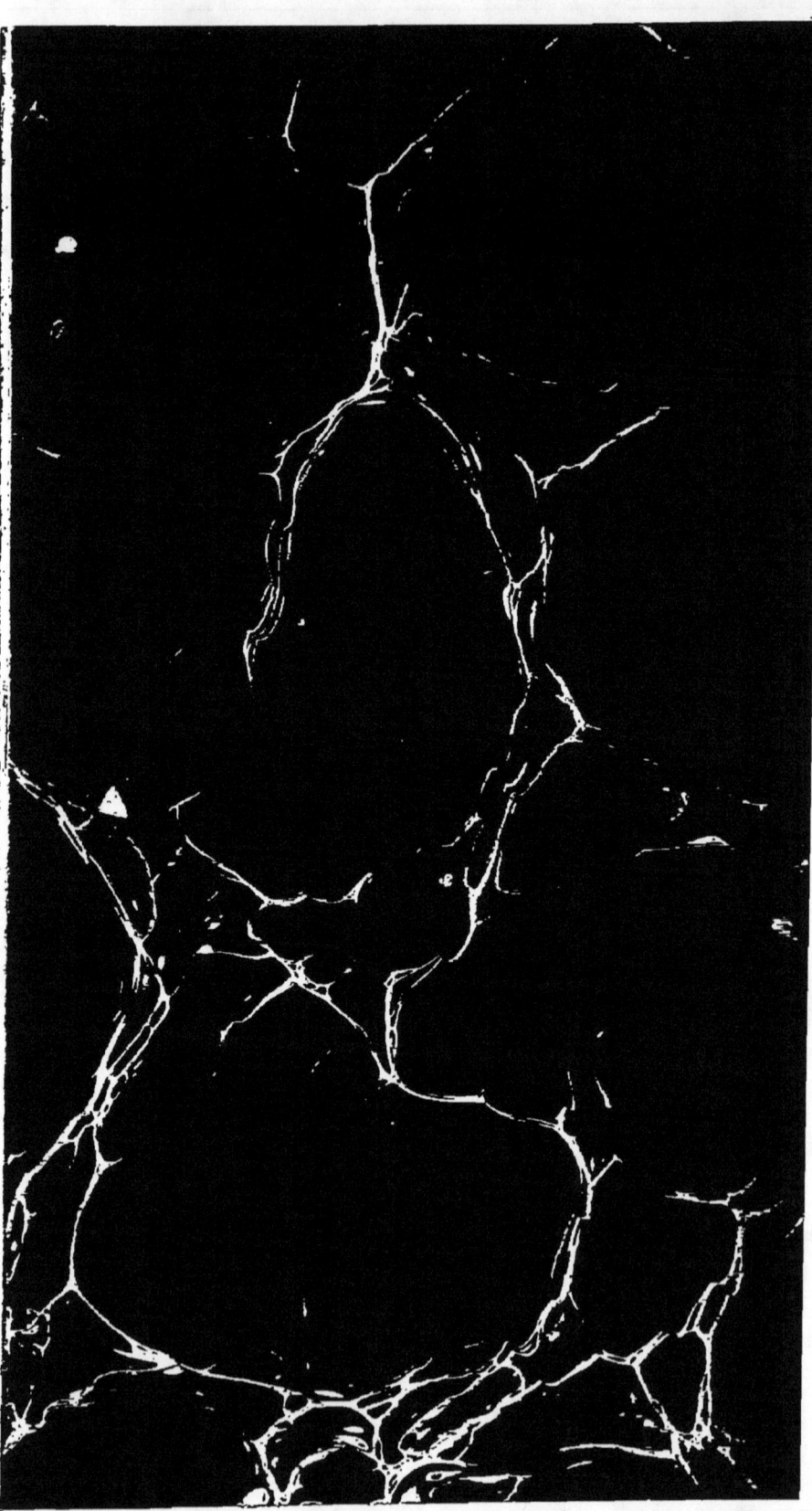

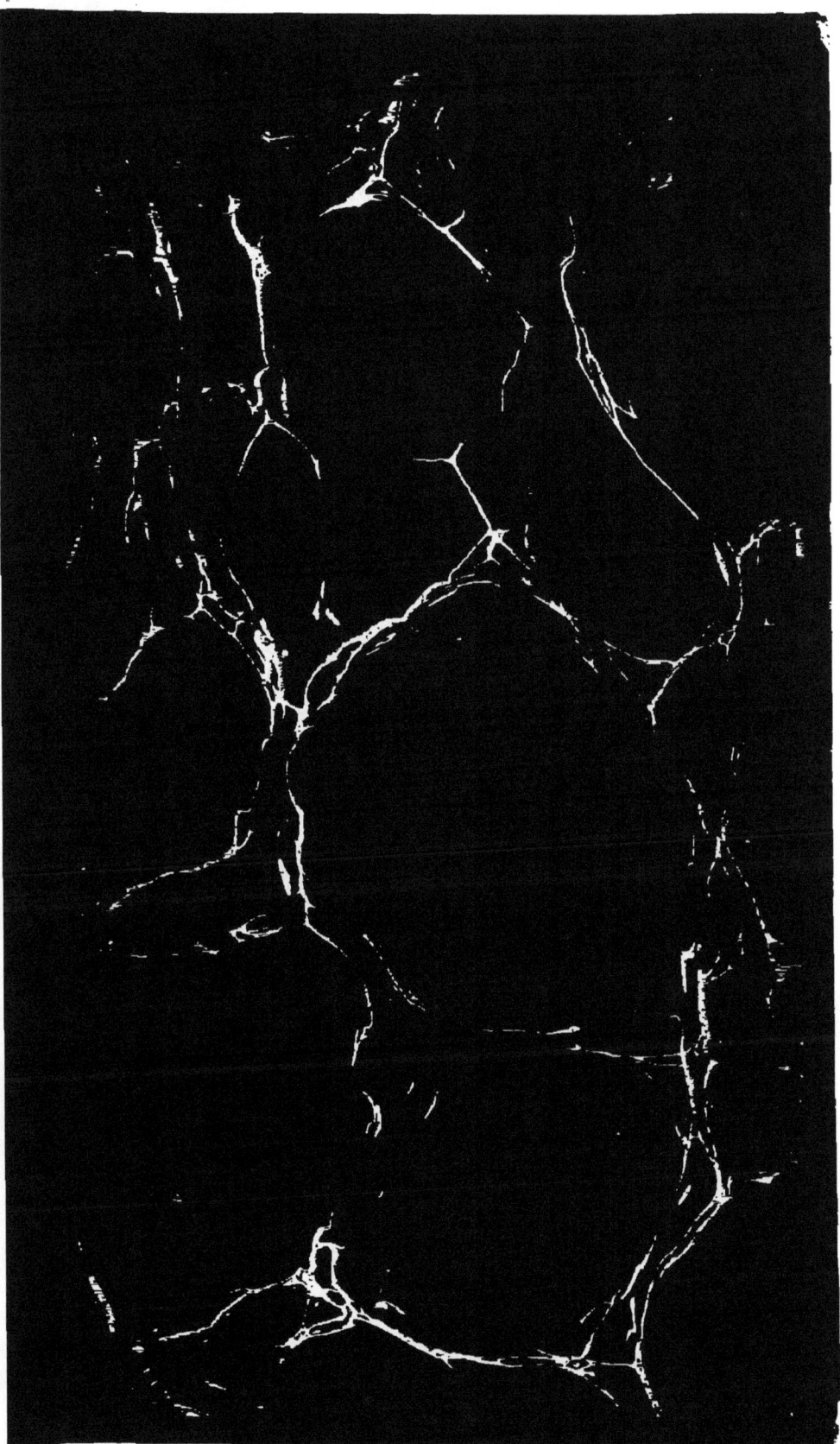

www.ingramcontent.com/pod-product-compliance
Lightning Source LLC
Chambersburg PA
CBHW050339170426
43200CB00009BA/1653